개척교회 현장, 핵심 리포트

교회개척
현장에 대한
실증적
데이터 분석

개척교회 현장, 핵심 리포트

이한철 지음

생명의 양식
THE BREAD OF LIFE

본 저서(연구)는 대한예수교장로회 고신총회 국내전도위원회의 기획과 재원으로 수행되었음

하나님 나라 확장을 위해
아름답게 사역하시는 모든 개척교회의 목회자들과
대한예수교장로회 고신총회 국내전도위원회에
이 책을 바칩니다.

발간사

고신총회 제57회에서 결정한 3천 교회, 100만 성도 운동을 지난 15년 동안 국내전도위원회에서는 하나님의 나라 확장과 교회를 세워가는 일에 최선을 다해 오고 있습니다. 또한 개척하였지만, 아직도 미래자립교회인 목회자들을 지원하기 위해 체계적인 프로그램들을 기획하여 제공하고 있습니다.

그러던 중에, 고신총회 국내전도위원회에서는 목회현장과 사역자들에 대한 보다 학적이면서 명확하고, 체계적인 데이터 기반(data- based)으로 목회의 실제 사역에 효과적인 도움을 제공하기 위해 고신대학교 이현철 교수와 함께 3천 교회 운동 수혜 교회에 대한 체계적인 전수조사를 수행하여 개척교회와 미래자립교회들이 나아가야 할 방향성에 대해 깊이 탐구하였습니다.

고신총회 주관으로 세워진 개척교회들 중에 1호부터 400호까지 전수조사와 그 데이터 분석을 마무리하면서 한국 교회와 고신총회 앞에 『개척교회 현장, 핵심 리포트』라는 한 권의 책을 발간하게 됨으로, 개척교회에 대한 귀한 자료와 함께 데이터 분석 그리고 개척교회와 미래자립교회가 어떤 방향으로 나아가야 할지에 대한 방향성 등을 제공할 수 있게 되어 참으로 감사하게 생각합니다.

특히, 이 모든 일을 위해 자료분석을 위해 도와주신 고신총회 산하 35개 노회장들과 임원께 감사드립니다. 특별히 자료를 정리하고 분석하여 집필까지 수고해 주신 고신대학교 이현철 교수와 이 책을 출판하기 위해 도와 주신 총회교육원 이기룡 원장, 생명의 양식 김은덕 목사와 출판 관계자, 그리고 이를 위해 기도해 주시고 협력해 주신 총회국내전도위원회 상임위원들께 머리 숙여 감사의 말을 전합니다.

우리는 『개척교회 현장, 핵심 리포트』라는 책을 통하여 개척교회 사역과 관련된 '손에 잡히는' 핵심 전략을 만나볼 수 있을 것입니다. 또한, 목회자들은 물론이요, 개척을 꿈꾸는 목회자와 교회들에게 큰 지침서와 모델과 같은 책이 될 줄로 확신합니다.

주님의 나라가 더욱 확장되기를 소망합니다. 샬롬

정은석 목사(고신총회 국내전도위원장)

서문

COVID-19 시대를 거치면서 우리는 교회 사역에 있어 이전에 경험해보지 못한 딜레마를 직면하고 있다. 예배, 교육, 교제, 봉사 어느 한 영역도 팬데믹의 영향력을 피하지 못하였으며, 지금도 영역별 회복을 위한 목회자들의 몸부림이 진행되고 있다.

그 중에서도 개척교회와 소형교회 목회자들의 고민은 중대형교회의 그것과는 비교될 수 없을 만큼 심각하고, '어디서부터 어떻게 사역을 해나갈 것인가'에 대한 스스로의 질문에 답답함을 토로하고 있는 실정이다.

이러한 맥락에서 포스트코로나 시대 개척교회가 어떠한 상황에 처해져있으며, 이들을 위한 지원 전략과 방안은 무엇인가를 살펴보는 것은 목회자들의 질문에 답을 얻는 핵심적인 과정이 될 수 있을 것이다. 이와 관련하여 대한예수교장로회 고신총회 국내전도위원회가 총회 산하 개척교회를 위한 전수조사를 기획하고, 실증적인 연구사업을 추진한 것은 개척교회와 관련된 현장 사역자들의 답답함을 해갈(解渴)해주는 귀한 결정이라 생각한다.

고신총회는 2007년 제57회 총회에서 삼천 교회 운동을 결의한 이후 2023년 현재까지 400호 이상의 교회가 전국적으로 개척이 되고 있다. 이 일을 위하여 국내전도위원회는 전국 교회와 성도들의 헌금을 통해 개척사역자들을 격려하고 지원하는 일에 최선을 다하며 사역하고 있다. 이번 연구는 하나님 나라 확장을 위해 아름답게 사역하시는 모든 개척교회 목회자들의 삶을 실증적으로 이해하고, 국내전도위원회의 사역을 좀 더 고도화하기 위한 일환으로 수행되었다. 구체적으로 이번 연구는 다음과 같은 측면의 의의를 지닌다.

먼저 개척교회지원 전략 구성을 위한 데이터 기반의 '현장맞춤형' 기초 자료 도출의 측면이다. 이번 연구를 통하여 도출된 데이터와 자료들은 개척교회 목회자에 대한 전방위적인 지원 방안 및 전략 구성을 위한 핵심적인 자료가 될 것이다. 특별히 개척교회 현장 목회자들의 요구도 분석은 개척교회 목회자들의 시각과 인식에 기반한 개척교회 지원 모델 구성의 가능성을 열어주어 고도화된 정책 및 전략 수립의 기초를 제공할 수 있을 것이다.

다음으로 개척교회 및 개척교회 사역자들에 대한 관심 증대와 연구기반 확충이다. 본서의 문제의식에서도 다루겠지만 그동안 학계와 교계의 관심은 중대형교회의 사역과 활동에 집중되고 있었으며, 상당수의 비율을 차지하고 있는 소형교회와 해당 교회의 사역자들에 대한 관심은 미미한 것이 사실이었다. 이번 작업은 포스트코로나 상황 속에서 개척교회와 목회자들의 인식을 실증적으로 확인해줌으로써 관련 주제에 대한 관심과 인식 전환의 계기가 될 것으로 기대된다. 특별히 이번 작업은 개척교회와 관련된 총회기관-연구기관-사역기관 등 다양한 기관들이 협력하여 추진함으로써 향후 관련 분야의 담론 형성과 후속 작업을 기대케 하고 있다.

이 모든 작업은 고신총회 국내전도위원회의 전폭적인 지원 속에서 이루어질 수 있었다. 특별히 국내전도위원회의 정은석 목사, 신민범 목사, 배종규 장로 그리고 모든 상임위원께서는 연구 전 과정에서 세밀하게 나의 필요와 행정 사항을 살펴주셨으며, 온전히 연구에만 집중할 수 있도록 배려해주셨다. 또한 나는 개척교회와 목회자를 향한 고려신학대학원 이신철 은퇴교수께서 주신 가르침을 잊을 수 없다. 11년 전 고신총회 설립 60주년 기념 사업으로 개척교회와 미조직교회를 연구하기 위해 전국을 함께 누볐던 시간들이 이번 연구의 귀한 자산이 되었다.

부디 이번 작업이 포스트코로나 시대 가운데 어떻게 개척교회와 사역을 감당해야 할지 답답해하는 모든 이들에게 유익한 자료가 되길 소망한다. 그리고 귀한 열매를 맺어 앞으로 개척교회와 목회자들을 향한 연구들이 지속적으로 이루어지길 기대한다. 삼위 하나님의 은총이 이 땅의 모든 개척교회 목회자들에게 가득하길 기도한다. Soli Deo Gloria

2023년 8월
이현철

추천사

한국 교회는 팬데믹 이후 심각한 양극화를 겪고 있습니다. 대형교회는 어려운 상황을 버티고 있지만 소형교회와 개척교회는 사역은 고사하고 교회의 생존을 고민하고 있습니다. 이런 상황에서 국내전도위원회와 이현철 교수의 연구는 팬데믹 이후 개척교회가 나아갈 방향과 구체적인 사역 전략을 제공하는 귀한 저작입니다. 팬데믹 이후 개척교회와 소형교회의 방향과 사역을 고민하는 모든 이들에게 기꺼이 일독을 추천합니다.

-**권오헌 목사** 대한예수교장로회 고신총회장

신학 연구는 교회를 위해 수행되며, 교회에 유익이 되어야 합니다. 이현철 교수의 작업은 교회에 대한 실증적 연구를 기반으로 하기에 실천신학 분야와 특히 목회자들에게 큰 유익을 줍니다. 이번에 이현철 교수가 수행한 개척교회에 대한 분석은 개척교회 목회자를 대상으로 심도있게 수행되었으며, 그 연구방법론에서도 문헌연구 중심의 실천신학적 접근의 한계를 극복하고 있습니다. 이 책을 통해 독자들은 개척교회와 관련된 실태와 사역 전략을 살펴보는 유익을 얻을 수 있을 뿐만 아니라, 실천신학 분야의 연구 발전이 어디까지 와있는가도 살펴볼 수 있는 즐거움을 경험하게 될 것입니다.

–**최승락 교수** 고려신학대학원 원장

  체계적으로 분석된 실증 데이터는 한국 교회 목회자와 리더십 그리고 일반 크리스천이 직면하는 상황적 문제들을 보다 잘 이해하고 다루는 데 도움을 줍니다. 이현철 교수의 이번 작업은 그동안 수행된 개척교회에 대한 어떤 연구물보다도 방대하고 다양한 질문을 통해 흥미로운 통계적 분석과 결과를 제공하고 있습니다. 이현철 교수가 탐색한 문항의 내용과 예리함은 개척교회의 내부적 상황을 날카롭게 파고들고 있으며, 개척교회를 지원하기 위한 핵심적인 기초 자료들을 제공해주고 있습니다. 한국 교회의 리더십들과 소형 및 개척교회 목회자들에게 적극 추천합니다.

–**지용근 대표** 목회데이터연구소

데이터 자료 해석 방법

이 책의 분석결과들을 효과적으로 활용하기 위해서는 제시된 다양한 자료들을 정확하게 해석하고 이해할 수 있는 역량이 필요하다. 실제로 해당 과정은 대학원 과정의 전문적인 학습 과정이 요청되는 사항이지만 독자들의 상황을 고려하여 약식으로 주요한 요소들만을 설명하고자 한다. 여기에서는 '빈도와 퍼센트(%), 요구도 분석' 등의 결과를 해석하는 방법을 소개하고자 한다.

• 해석 방법1: 설문 문항과 연결해서 살펴보기 •

통계 분석 결과표 해석에 있어 문항의 주요 사항과 관련된 점수 기재 의미를 파악하는 것은 결과 해석에 필수적인 과정입니다. 이 책의 본문에서 제시된 분석표와 그림들을 통해서 직관적으로 이해될 수 있는 자료들도 있지만 어떤 항목들은 [부록]에 제시된 설문문항을 살펴보고 그 의미를 정확하게 파악하는 것이 중요할 것입니다. 예를 들어 아래의 설문 문항은 개척교회 목회자들이 어떤 활동과 프로그램에 어느 정도의 중점을 두고 진행되는가를 파악하기 위한 것으로 5점 척도로 구성되었습니다: '5점: 매우 중점을 많이 둔다, 4점: 중점을 많이 둔다, 3점: 보통이다, 2점: 중점을 두지 않는다, 1점: 전혀 중점을 두지 않는다' 즉, 해당 항목에 대한 응답자들의 평균 수치를 문항의 척도 점수의 의미와 매칭시켜서 확인하셔야 합니다.

	전혀 중점을 두지 않는다	중점을 두지 않는다	보통이다	중점을 많이 둔다	매우 중점을 많이 둔다
1) 예배활동	1	2	3	4	5
2) 성경공부/교리공부 활동	1	2	3	4	5
3) 전도활동	1	2	3	4	5
4) 봉사활동	1	2	3	4	5
5) 교제활동	1	2	3	4	5
6) 교회학교활동	1	2	3	4	5
7) 소그룹활동	1	2	3	4	5

• 해석 방법2: 요구도 자료 파악하기 •

개척교회 목회자들의 The Locus for Focus 모델 분석 자료는 그림만 보시면 됩니다. 목회자들이 인식하고 있는 사역 관련 '미래 중요 수준'과 '현재 불일치'를 교차 분석한 것입니다. 먼저 제1사분면(HH)은 바람직한 수준의 평균과 불일치 수준의 평균이 모두 높은 분면으로 최우선적 요구로 분류되는 영역, 제2사분면(HL)은 바람직한 수준은 낮지만 불일치 수준은 높은 분면, 제4사분면(HL)은 바람직한 수준의 평균은 높지만 불일치 수준이 낮은 요구로 차순위 요구군 영역, 제3사분면(LL)은 바람직한 수준도 낮고 불일치 수준도 낮은 요구로 우선적으로 고려되어야 할 요구로 보기 어려운 영역으로 보시면 됩니다.

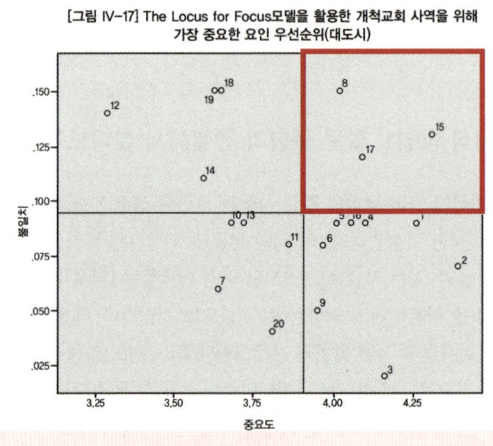

개척교회 사역을 위해 가장 중요한 요인 우선순위(전체) 예시

위의 제시된 분석 결과를 보시면 제1사분면에 포함되는 사역 요인은 '8. 전도 활동, 15. 기도 활동, 17. 교회와 가정이 연계된 신앙교육'이었으며, 제2사분면에는 '12. 총회 산하 교육기관의 지원(총회교육원, SFC 등), 14. 사역자를 위한 교육, 18. 평생교육(장노년 포함) 프로그램, 19. 지역사회와 연계된 프로그램', 제3사분면에는 '7. 국내전도위회의 지원과 관심, 10. 중대형교회의 관심, 11. 총회 및 노회의 지원과 관심, 13. 심방 활동, 20. 목회자 가족 지원', 제4사분면에는 '1. 담임목사의 리더십, 2. 담임목사의 목회철학, 3. 교역자의 현장사역 전문성, 4. 성도의 헌신, 5. 성도의 개인적 요인(참여, 관심 등), 6. 교회학교 신앙양육 프로그램, 9. 재정 지원, 16. 교역자와 성도(부서) 간의 관계'로 나타났습니다. 현장 사역에 중요하게 살펴야 할 다양한 요인들이 있지만 현재 우선적으로는 제1사분면의 내용에 요구도가 크다는 것을 확인할 수 있습니다.

목차

발간사 … 6
서문 … 8
추천사 … 11
데이터 자료 해석 방법 … 13

I. 문제의식
문제의식: "어떻게 개척 및 소형교회들이 사역해나가야 할 것인가?" … 18

II. 한국장로교 역사 속 미조직교회·개척교회 그리고 목회자들의 삶
1. 1. 한국장로교 역사 속 미조직교회와 개척교회: "고신총회를 중심으로" … 24
2. 개척교회 및 소형교회 목회자의 삶 … 29

III. 연구 방법
1. 연구 대상 … 52
2. 설문 내용 … 54
3. 분석 방법 … 55

IV. 데이터 분석하기
1. 교회 개척 준비 사항 … 60
2. 개척재정 규모와 조달 방법 … 64
3. 교회의 특성 … 67
4. 목회 사역 … 83
5. 개척교회를 위한 지원 요구도 … 90
6. 개척교회가 성장하지 않는 요인 … 148
7. 개척교회 목회자들의 '일상생활, 목회활동, 경건생활 전반의 만족도'에 대한 집단 간 차이분석 … 151

V. 정책적 시사점
정책적 시사점: 개척교회를 위한 정책 방향 … 154

부록 1. … 163
부록 2. … 165

I.
문제의식

문제의식:
"어떻게 개척 및 소형교회들이 사역해나가야 할 것인가?"

코로나 팬데믹 이후 한국 교회는 개척교회 목회자들의 건강한 사역과 생존의 문제를 고민해야 할 시기를 맞이하고 있다. 실제로 해당 사항은 '교회의 양극화'로 더욱 뚜렷하게 나타나고 있으며, 교회의 양극화 속에서 개척 및 미자립교회로 대변되는 소형교회들과 목회자들은 생존을 위한 사역으로 힘들게 몸부림치고 있는 게 현실이다.

한국 교회 내 소형교회와 관련된 딜레마가 증가하고 있으며, 해당 사항의 엄중성을 고려할 때 소형교회의 문제를 해결하기 위한 다양한 전략들이 요청되고 있다. 구체적으로 소형교회 목회자들의 생계 및 경제적 지원, 목회자 재교육 프로그램 지원, 목회자 자녀 및 배우자를 위한 정서적 지원, 교회교육 운영 프로그램의 지원, 교회 내 성도 양육 및 활동 지원, 교회 간 통폐합 논의 등과 관련된 실제적인 논의들이 요청되고 있으며, 이는 개척교회 사역 전반과 직접적으로 연결된 사항들이다. 더불어 해당 사항들은 코로나 팬데믹 이후 변화된 사역 형편을 고려하여 심층적인 분석에 기초한 새로운 사역의 방향성이 구성될 필요가 있는 부분이다.

하지만 개척교회로 대변되는 소형교회에 대한 해당 이슈들과 관련된 교계와 실천신학계의 심층적이고 체계적인 분석은 그 양적인 수준에서 매우 미흡한 상태에 있다. 실제로 코로나 팬데믹 상황 속에서 한국 교회와 국내 학계의 관심은 코로나 시대 예배와 관련된 신학적 이슈, 중형교회에 기초한 전반적인 교회 및 선교 사역(김용성, 2021; 김상덕, 2021; 정재영, 2021; 김순환, 2021; 이찬석, 2021; 조해룡, 2021; 김영동, 2021; 윤영훈, 2020; 김주한, 2020; 김은희, 2020; 최원진, 2020)[1]이었으며, 교회 내 교육적 측면에서도 교회교육과 기독교교육이 어떠한 측면과 방향성으로 나아갈 것인가에 대한 분석(최솔·이수인, 2022)[2]과 이론적인(김난예·이선영, 2022; 양금희, 2021; 함영주, 2021; 유재덕, 2020; 김성중, 2020; 채혁수, 2020)[3] 접근들이 이루어졌을 뿐이다.

물론 코로나 팬데믹 기간 소형교회와 개척교회와 관련된 국내의 연구가 전혀 없었던 것은 아니다. 구병욱(2023)은 분립개척 기반 교회개척 사례 연구를 수행하였으며[4], 허준(2022)은 교회개척자의 핵심역량 분석을 수행하기도

---

[1] 김용성(2021). 코로나19 바이러스 이후 교회 공동체 회복을 위한 제언. 장신논단 53(1). 277-302; 김상덕(2021). 코로나19 팬데믹과 공공성, 그리고 한국 교회. 신학과 실천 76. 797-817; 정재영(2021). 코로나 팬데믹 시대에 교회의 변화와 공공성. 신학과 실천 73. 857-886; 김순환(2021). 위드 코로나 시대를 위한 한국 교회 예배 대안 모색: 삶 속에서의 시간적, 공간적 예배지평 확장. 신학과 실천 77. 39-66; 이찬석(2021). 팬데믹 시대 교회와 신학의 과제. 한국조직신학논총 64. 107-138; 조해룡(2021). 코로나 팬데믹 상황 속에서 선교적 교회의 교회론적 변화와 선교적 대응. 선교신학 62. 278-309; 김영동(2021). 포스트코로나 교회 구조변화와 목회와 선교 방향연구. 선교와 신학 54. 13-39; 윤영훈(2020). 포스트 코로나 시대 온라인 교회의 가능성에 대한 연구. 대학과 선교 46. 205-237; 김주한(2020). 바울의 예배 기획 원리를 통해 본 "코로나"시대의 교회 예배 방향성 제안. 성경과 신학 95. 23-56; 김은희(2020). 코로나 19(Covid 19) 상황에서 한국 교회의 대처에 관한 연구: 예배와 선교를 중심으로. 개혁논총 53. 99-122; 최원진(2020). COVID-19상황에서 한국 교회의 선교. 복음과 선교 52(4). 203-242.

[2] 최솔·이수인(2022). 코로나 19이후 비대면 교회교육 현황 연구: 교회학교 교사들의 인식을 중심으로. 신학과 실천 78. 443-468.

[3] 김난예·이선영(2022). 포스트코로나 시대 메타버스 기독교교육 플랫폼. 기독교교육논총 71. 341-370; 양금희(2021). 포스트 코로나 시대의 "온택트" 기독교교육에 관한 연구. 기독교교육논총 68. 41-76; 함영주(2021), 전통과 혁신을 활용한 미래형 교회교육방법의 방향성에 대한 연구, ACTS 신학저널 48, 173-204; 유재덕(2020). 포스트 코로나 시대의 교회교육. 기독교교육논총 63. 13-37; 김성중(2020). 코로나19시기 이후의 기독교교육의 방향. 기독교교육논총 63. 39-64; 채혁수(2020). 뉴 노멀(New Normal)시대의 교육목회. 신학과 실천 72. 487-515.

[4] 구병욱(2023). 건강한 교회개척을 위한 분립개척연구: 선한목자교회, 함께하는 교회, 제자들 교회를 중심으로. 신학과 실천 83. 401-427.

하였다.[5] 또한 이현철(2021)도 소형교회 은퇴목회자들의 삶을 분석하여 실제적인 그들의 고민을 추적하였다.[6]

하지만 해당 연구들은 포스트 코로나 시대라는 상황 속 개척교회와 목회자들이 무엇을 어떻게 사역해야 할 것인가에 대한 질문에 답을 하고 있는 것은 아니며, 포스트 코로나 사역과 관련된 문제의식을 해결하기 위해 수행된 분석도 아니다.

전술한 상황을 종합하여 본다면 현재 팬데믹 상황 속 한국 교회와 국내 학계의 상황은 코로나 팬데믹 상황에 대한 진단과 기본적인 교회의 방향성 탐색 수준에 머물고 있으며, 세부적인 소형 및 개척교회 사역 지원의 심층적인 분석과 전략 제시까지는 이르지 못하고 있음을 의미한다. 연구자의 입장에서 앞으로 해당 상황이 점차 변화되어 갈 것이며, 다양한 연구자들의 분석을 통해 개선되어 갈 것으로 확신한다.

하지만 교회 현장에서는 시급하게 구체적인/실제적인 사역 전략과 내용을 요청하고 있으며, 특별히 소형교회의 사역 전략과 지원대책에 대한 요구는 매우 높다고 할 수 있다. 더욱이 선행연구의 흐름을 볼 때 포스트 코로나 시대 속에서 '어떻게 개척 및 소형교회들이 사역해나가야 할 것인가?' 그리고 '목회자들이 무엇을 요구하며, 맞춤형 전략이 어떻게 이루어져야 할 것인가?'에 대한 실제적인 질문에 대하여 명확한 답을 줄 수 없는 상황은 안타깝지만 현실이다.

---

5 허준(2022). 교회개척자의 핵심역량 및 세부항목 측정을 위한 연구: 전문가 델파이 기법 활용을 중심으로. 선교신학 66. 243-274.
6 이현철(2021). 소형교회 은퇴목회자의 삶과 딜레마에 대한 질적연구. 갱신과 부흥 27. 343-370.

이에 이번 작업은 포스트 코로나 시대를 사역하고 있는 개척교회 목회자들의 인식과 사역 요구도를 실증적으로 분석하고, 포스트 코로나 시대에 적합한 개척교회 지원 및 사역 방안을 현장지향적으로 제시해보고자 하였다. 이를 통해 포스트 코로나 시대 소형교회의 사역적 다양성을 제공할 수 있을 것이며, 교회성장에 필요한 유의미한 기초자료가 될 수 있을 것이다.

II.
한국장로교 역사 속 미조직교회·개척교회 그리고 목회자들의 삶

1. 한국장로교 역사 속 미조직교회와 개척교회: "고신총회를 중심으로"

본 절에서는 이론적인 논의로서 개척교회의 맥락을 살펴보고자 하며, 특별히 한국장로교회 및 고신총회 안에서의 개척교회의 의미를 집중적으로 살펴보고자 한다. 관련 주제의 주요한 논의는 이미 이신철·이현철[7]이 수행하였으며, 본 절에서 해당 내용을 발췌 및 수정하여 제시하고자 한다.

지금까지 한국장로교회의 역사를 되돌아보면 교회개척의 관심은 주로 개척의 시작과 초기 지원에 집중되었다. 그러다 보니 개척교회 혹은 미조직교회의 현상을 깊이 있게 다룬 연구논문들을 찾기 어려운 실정이다. 장로교회의 관점에서 교회개척을 바라보는 논문도 드물며, 더구나 그런 관점에서 개척교회 및 미조직교회의 현황과 문제를 분석한 연구도 거의 없다고 할 수 있다(Lee, 2009).[8]

---

7 이신철·이현철(2012). 건강한 고신 교회건설을 위한 미조직교회 현황 기초조사: 통합연구방법을 활용한 진단과 정책 제안. 대한예수교장로회(고신) 총회설립 60주년 기념사업 정책보고서. 천안: 고려신학대학원.

8 Shin Chul Lee. (2009). *An Exploration and Identification of a Consistent Model for Presbyterian Chruch Planting in Korea*. Ph. D. Dissertation, University of Wales. 이 논문의 문헌조사(literature survey) 장을 참조하라. 29-115.

하지만 관련 논의를 수행하기 위하여 개척교회 혹은 미조직교회에 대한 이론적 사항을 역사적으로 분석하고자 한다. 우선 한국장로교회의 역사를 살펴보면 1907년 한국장로교회의 독노회가 조직되기까지 선교사들이 600개 이상의 예배모임을 시작했으나,[9] 1907년 7명의 신학교 졸업생들이 처음으로 목사로 안수를 받게 되기 전까지는 진정한 의미에서 한국인 목사와 장로로 구성된 자치적 당회를 갖춘 조직교회가 하나도 없었다고 할 수 있다. 1913년-1914년 사이에 한국장로교회의 조직교회는 선교사를 당회장으로 하는 교회들을 포함하여 모두 224개였는데, 미조직교회는 1,580개나 있었으니,[10] 미조직교회가 조직교회 보다 무려 일곱 배나 많았다. 이런 극심한 불균형은 무엇보다도 개척되는 교회 수의 증가에 비해 안수 받은 목사들의 수가 턱없이 부족한 데서 주로 비롯되었다고 볼 수 있다.

1920년대와 1930년 초반에 걸쳐 목사의 수가 꾸준히 증가하면서 조직교회와 미조직교회의 수적 불균형은 서서히 완화되었지만, 다른 한편으로는 기도소를 포함한 미조직교회를 전체 교회가 충분히 돌보지 못한 것이 미조직교회의 감소로 이어졌기 때문이라고 본다. 1917년 총회록 통계표에는 미조직교회가 3,700개로 분명히 기록되어 있는데, 그 다음 해인 1918년에는 1,578개로 나타나 있다. 이처럼 놀랄 정도로 미조직교회의 수가 급감한 것은 1918년부터는 통계표에 기도소를 미조직교회에 포함시키지 않고 별도의 항목으로 잡았기 때문이었다.[11] 별도로 분류된 기도소의 수는 1925년까지 876개로 감소하였고, 1926년에는 898개로 기록되었다가 1927년부터는 통계표에서 아예 사라졌다.[12] 이것은 기도소가 미조직교회로, 더 나아가 조직교회

---

9 *ibid.*, 134.
10 cf. *ibid.*, 188. 이것은 한국장로교회 제3회 총회록의 통계표에 근거한 것이다.
11 *ibid.*, 191.
12 *ibid.*,

로 성장할 수 있다는 기대감 보다는 그들을 돌볼 무거운 의무감을 제대로 견디어내지 못한 결과로 보인다. 1920년대의 한국장로교회는 선교사, 조사 등의 사역자들이 미조직교회를 순회하며 돌아보는 일을 하느라 새로운 개척을 시도하지 못할 만큼 미조직교회들도 무거운 짐이 되어 있었다.[13] 그리고 주로 교회개척의 전방에 배치되던 전도인들이 노회의 시취를 거쳐 공인을 받아 목사의 도우미인 전도사로 인정을 받게 되면서, 선교사의 도우미였던 조사들이 맡았던 미조직교회를 목회하는 역할을 이어 받는 변화들이 일어났다. 그러면서 선교사, 조사를 이어, 전도인 조차도 점점 개척의 최전선에서 물러나자 한국장로교회는 서서히 교회개척의 새로운 동력을 잃어가고 있었다. 미조직교회의 수도 점점 줄어들어 1934년 제23회 총회록 통계표에는 2,729개의 교회들 중에 56.3%인 1,536개의 미조직교회가 있었다고 밝히고 있다.

1930년대 후반부터 신사참배의 무서운 칼바람을 일으킨 일제는 공인될만한 교회를 제외하고는 포교소로 인정하지 않으려고 했다. 심지어는 도시에 하나의 교회만 남기고 다 폐쇄하든지 병합하려고 하였다(한석희, 1989).[14] 이런 분위기 속에서 미조직교회는 더 감소하였다. 이것은 일제의 신사참배의 압력 하에서 제대로 계수도 되지 못한 채 사라진 미조직교회들이 우리의 상상 이상으로 많이 있었음을 짐작하게 해 주는 대목이다.[15]

한편, 1952년에 한국장로교회에서 떨어져 나와 첫 분파로 시작된 고신교회의 성장과정에서 미조직교회율의 변화를 일별해본다면 다음과 같다. 1950년대의 고신교회의 성장은 고신 교단의 신앙노선을 선호하여 고신에 가입한

---

13 ibid., 193-197.
14 한석희(1989). 『일제의 종교침략사(김승태 역)』. 서울: 기독교문, 174. cf. Shin Chul Lee, 195.
15 김양선은 신사참배 가결 이후 일제의 압박으로 폐쇄된 교회 수가 200개 정도라고 하였지만, 사라진 미조직교회들을 충분히 고려하지 않은 평가라고 생각한다. cf. 김양선(1956). 『한국기독교 해방십년사』. 대한예수교 장로회총회 종교교육부, 43. Shin Chul Lee, op. cit., 201.

어린 교회들, 즉 미조직교회들의 증가로 인한 것이었다(Lee, 2009).[16] 1952년에 총노회에 가입한 고신 교회는 302개였는데, 1958년에는 588개의 교회로 늘어났으며 그 중에서 미조직교회가 479개로 전체의 81.5%였다. 1963년의 환원 이후 고려신학교를 통하여 목회자들이 꾸준히 배출됨으로써 미조직교회율이 많이 낮아졌으나, 1966년의 통계를 보면 473개의 교회 중에서 미조직교회가 323개로서 68.3%였다. 1975년에 반고소파가 분열해 나간 후 1978년 통계에는 다시 미조직교회가 54.2%로 더 낮아졌고, 1988년에는 조직교회(49.9%)와 미조직교회(50.1%)가 거의 반반으로 균형을 이루었다. 1990년 이후 지금까지 고신의 미조직교회율은 절반에서 조금 더 낮아졌으나, 그 감소율의 폭은 크지 않다. 미조직교회율이 44%-50%의 범위를 오르락내리락 하고 있는 정도이다.[17] 고신 교단의 설립 초기에 비교하면 미조직교회율이 많이 개선된 것이 사실이지만, 문제는 미조직교회율의 낮아지는 정도가 1990년 이후 점점 둔화되거나 정체되어 가고 있다는 것이다. 초기의 미조직교회율의 개선은 직분자 특히 목사의 꾸준한 증가로 이루어진 것이었다. 하지만 지난 20년 동안 안수받은 목사는 교회 수를 훨씬 상회하고 있는데도 미조직교회율이 개선되지 않고 있다고 하는 것은 그 이유가 더 복합적임을 의미한다.

전술한 내용과 관련하여 최근 개척교회 혹은 미조직교회율이 더 이상 낮아지지 않고 있는 이유를 몇 가지 열거해 본다면 다음과 같다. 첫째, 장로교회의 교회개척의 목표를 교회법적으로 표현한다면, 조직교회를 설립하는 것인데, 이에 대한 분명한 공감이 약하다는 사실이다(목표의식). 둘째, 개척사역자가 교회개척의 전 과정에 있어서 성도들을 말씀으로 가르치고 직분자로 세워가는 데 필요한 분명한 로드맵을 갖고 있지 못하다는 사실이다(개척과정에

---

16 Shin Chul Lee, 227.
17 고신교단 조직 및 미조직교회 년도별 통계(1952-2012) 참조. 이 통계표는 년도별 총회보고서에 근거함. 1991년 47.9%, 1994년 48.2%, 1997년 45.6%, 1998년 47.3%, 1999년 45.8%, 2000년 44.2%, 2001년 45.4%, 2002년 47.7%, 2003년 49.5%, 2004년 48.7%, 2005년 47.4%, 2006년 47.2%, 2007년 45.9%, 2008년 46.0%, 2009년 45.9%, 2010년 45.5%, 2011년 45.4% 2012년 46.9%, 2013년 46.3%이다.

대한 이해와 준비의 부족). 셋째, 교단 교회들이 미조직교회에 대한 재정지원을 포함하는 종합적인 지원 및 관리 정책을 개발하지 못하였기 때문이다(개척 및 미조직교회에 대한 종합적 정책의 미비). 넷째, 기존의 성도들이 개척교회 또는 미조직교회에 동참하여 섬기고자 하는 동역의 마음이 약화되었기 때문이다(성도들의 개척 또는 미조직교회의 참여의 저조). 다섯째 밀접해 있는 이웃교회들 및 개척 전도환경의 악화로 인하여 어린 교회들의 성장에 더 오랜 기간이 소요되기 때문이다. 여섯째, 개교회주의와 대교회주의의 영향으로 개척교회와 미조직교회에 대한 기존교회들의 관심이 저조하다는 사실이다.

장로교회의 역사성 속에서 미조직교회는 개척이 시작된 이후 조직교회로 나아가는 과도적인 과정에 있는 교회로 볼 수 있다. 청소년이 성인이 되는 과도적 과정인 것과 같다. 그 성장을 위해서는 관심과 사랑도 필요하고, 시간과 기다림도 있어야 한다. 지역이나 환경에 따라 한 교회의 적정규모가 서로 차이가 있을 수 있음은 너무나 당연하다. 그러나 어느 교회이든지 개척 후 미조직교회의 단계에서만 고착화된다면 그 교회로 보아서나 그 교회에 속한 개인으로 보아서나 바람직한 것은 아닐 것이다. 이미 크게 성장한 교회가 더 큰, 아니 너무 큰 교회가 되고자 하는 것은 과도한 욕심이고 무리한 바람이지만, 미조직교회가 더 성장하지 않으려하거나 지금의 작은 회중에 머무르고자 하는 것도 매우 부적절한 태도이다. 장로교회가 되고자 하는 교회가 장로교회의 모습으로 충분히 자라지 못하고 미조직의 상태로 영구히 머물러 있을 수는 없다고 생각한다. 한국장로교회, 그리고 고신은 개척교회 및 미조직교회의 적체 현상을 좀 더 치료적 관점으로 바라보아야만 할 것이다.

2. 개척교회 및 소형교회 목회자의 삶

본 절에서는 개척교회 및 소형교회 목회자의 삶을 심층적으로 소개하고자 하며, 이를 위하여 그동안 연구자가 수행한 개척 및 소형교회 목회자들의 삶과 관련된 현장지향적인 연구물들을 요약 및 정리하여 소개하고자 한다. 해당 연구들은 '개척교회와 목회자의 현실, 산간벽지 소형교회의 사역과 딜레마, 소형교회 은퇴목회자의 삶' 등을 심층적으로 다루었다.[18] 이들 연구는 각각 한국연구재단(정부)의 신진 및 중견연구자사업과 대한예수교장로회 고신총회의 지원을 받아 수행된 연구들이다. 구체적으로 개척교회 및 소형교회 목회자의 현실적인 삶을 살펴보자.

가. 성급한 개척: "교회만 세우면 구름같이 몰릴 줄 믿고…"

개척교회 연구를 수행하는 동안 연구참여자들이 가장 많이 고백하였던

---

18 이현철92021). 소형교회 은퇴목회자의 삶과 딜레마에 대한 질적연구. 갱신과 부흥 27. 343-370; 이현철(2018). 산간벽지(山間僻地) 소재 교회의 딜레마에 대한 질적연구. 질적탐구 4(3).269-296; 이신철·이현철(2013). 한국사회 내 미조직 및 개척교회의 딜레마에 관한 질적 연구. 개혁논총 25. 215-244

내용은 바로 성급한 개척과 그로 인한 준비 부족이었다. 즉, 개척교회에 대한 자신의 확신 속에서 무리하게 개척을 수행하였으며, 그 속에서 개척과정과 사역방향에 대한 구체적인 준비와 전략들 없이 현장에서 직접 경험을 통해 개척과 관련 현장 지식들을 얻고 있는 모습이었다.

연구참여자: 제일 크게 착각 한 게, 아 여기다 십자가를 딱 꽂으면 믿고 모여들 줄 알았어요. 그래서 집사님들과 오랫동안 교제했으니까 근데 동역자는 거의 없고 우리에게 도움을 바라는 사람, 우리의 도움이 필요한 사람들이었어요. 그게 가장 큰 차이였어요. 저는 누군가 와서 좀 같이 짊어지고 주일학교도 같이 하고…

연구참여자: 모두가 비슷하겠지만 저도 처음에는 자신이 있었지요. 뭐 나이도 적당히 되었고, 부교역자 생활을 오래하였기에…큰 교회에서는 시스템이 갖추어져 있기 때문에 조금만 열심히 해도 바로 차이를 만들어 낼 수가 있답니다…개척교회는 달랐던거죠…처음에는 교회만 세우면 구름같이 몰릴 줄 믿었고…현실은 그게 아니었지요. 충분한 준비도 없이 지금 생각하면 너무 준비 없이 그냥 열정만으로…지금 생각하면 그건 열정도 아니었구요…

연구참여자: 네네 근데 사실 여기 지역에 가서 교회를 세우면 잘 될거다. 그것만 생각을 하지. 그 지역에 어떤 상황 이런 것들은 사실…개척을 위한 다짐이죠. 내가 개척을 해야되기 때문에 긍정적으로 생각하는 거 있잖아요? 사실 무슨 어려움이 있고 이 지역이 무슨 성향인지 또 지역에 어떤 교회들이 개척을 하면 어떤 식으로 목회를 하는지 이런 것들의 고민은 안 해보고 개척을 해야 되니까 여기서 하면 나는 잘 될거다. 자기 스스로 뭐랄까요? 세뇌한다고 그럴까요? 그래서 하여튼 그게 굉장히 심하다고 생각해요.

인용문을 통해 확인할 수 있듯이 목회자들의 경우 자신들의 성급한 개척과 시도에 대하여 많은 후회들을 살펴볼 수 있는데 이러한 성급한 개척에는 여러 가지 요인들이 작용하고 있었다. 첫째, 담임목사로 청빙을 받지 못한 상황에서 충분한 준비 없이 개척의 길을 선택하는 경우, 둘째, 부역자로서 사역하던 교회가 개척교회를 설립하는 과정에서 급하게 담임을 담당하게 되는 경우, 셋째, 불확실한 개척의 소명 속에서 막연한 믿음과 기대를 가지고 개척하는 경우, 넷째, 기성 교회에서의 불화와 갈등을 통해서 개척을 해야만 하는 경우 등등으로 확인할 수 있었다. 이러한 다양한 요인에 의해서 성급하게 진행된 개척의 경우 이후 사역을 내실없는 준비와 개척교회 목회자로서의 자신의 내면적 준비 미비, 그리고 가족들의 준비, 재정의 영역까지 사역 전반의 내용들의 영향을 주는 핵심적인 요소로서 나타나고 있었다.

연구참여자: 근데 가장 문제가 되는 것은 어쨌든 부교역자로 그만두고 개척을 하면 담임목사가 되는 데 그 기간이 너무 짧다는 거예요. 그니까 부교역자는 사실 교회에서 어떻게 보면 수동적일 수밖에 없고 좀 모랄까? 지시를 따라서 이행하는 성격이 강한데 개척은 굉장히 주도적이 되야하고 좀 결정하는 것도 자기 스스로 결정을 많이 해야 되는데 그런 것들을 준비하는 실질적인 시간이 너무 없었던 거죠. 개척학교를 참여한다든지 아니면 3개월이든 6개월이든 자기가 그런 것을 준비하는 그런 곳을 쫓아다니든지 그런 것들이 필요한데

하지만 성급하게 개척을 진행하는 목회자들만을 비판만 할 수 없는데 그것은 개척을 지원하는 입장에서는 빠른 시간 내에 그 결과들을 확인하고자 하며 지원을 받는 목회자들의 경우 그러한 기대에 부응하기 위해 건물이나 개척의 가시적 내용들을 만들어내야 하는 모습들도 확인할 수 있었다.

연구참여자: 교회나 후원자들의 지원을 받았다면 빨리 뭔가를 보여줘야되잖아요. 지원을 벌써 오래전에 받았는데 뭐 하나 보일 것이 없다 이것도 이상한 것이거든

요. 그러다보니 무리하게 진행하기도 하고…

개척 멤버의 부재로 인한 어려움: "사모와 단둘이 새벽기도를 6개월 동안 했습니다"

개척을 진행하면서 가장 큰 어려움은 함께 예배와 사역을 감당할 '개척 멤버의 부재'라는 것이다. 연구참여자들의 경우 경제적인 이유보다도 함께 기도하며, 사역할 개척 멤버들의 부재로 인해 내외적인 고통을 가장 극심하게 받고 있음을 확인할 수 있다.

연구참여자: 개척은 하였는데 누가 사람이 있나요. 처음에는 사모와 단둘이 새벽기도를 6개월 동안했습니다. 사모 한 사람 앉히고 설교하는 것이 참으로 고통스럽더군요. 그럴때 꾸준하게 기도하면서 도와줄 수 있는 권사님이나 개척 멤버들이 있었다면 얼마나 좋을까 생각했습니다.

연구참여자: 개척교회 목사는 제일 중요한거는 심심한 걸 견딜 수 있어야 해요. 예배 한 명도 안 오고…부인만 앉혀놓고 설교할 수 있어요? 그거 할 자신할 자신 없으면… 그걸 견딜 수 있으면 돼요. 할렐루야 하면 아무도 없다고 생각하는 거예요….

개척 멤버들의 경우 단기간에 이루어지는 것이 아니라 충분한 시간을 가지고 개척의 비전과 방향을 공유할 수 있는 동역자들로서 연구참여자들의 경우 3-4가정을 추천하고 있었다. 개척 현장에서는 몇 명 되지 않는 이들의 힘이 간절히 요구되고 있는 상황이었고 이와 같은 동역자들의 부재는 사역자로서 자괴감을 느끼게 하는 요인으로 작용하고 있었다.

또한 개척 멤버들의 경우 자연스럽게 교회의 경제적인 지원도 담당해주는 역할을 할 수 있는데 이에 대한 부재는 경제적인 어려움으로도 이어지는 고리를 만들어낸다. 그리고 목회자의 기도 후원과 영적 동역자로서의 기능도 개척 멤버가 함께 담당해주어야 할 영역임에도 이러한 기능이 현실적으로 이루어지지 못한 상황에서 사역의 어려움은 당연하다고 보여진다.

> **연구참여자:** 그래도 몇 명이라도 있어야 뭔가 예배 분위기가 만들어지지 않습니까. 찬양을 할때도 소리도 크고, 설교를 할 때도 힘이 나는 것이거든요…새로운 사람이 왔을때 목사 있고 사모 있고 자기 있으면 부담이 되거든요. 그래서 한번 왔다가 그냥 가는 것입니다…개척 멤버나 뭐 그런 사람들이 자리를 잡아주고 있어야 분위기가 형성이 됩니다.

또한 개척 멤버의 경우 예배의 분위기와 초기 교회의 안정적인 정착에도 중요한 역할을 할 수 있음을 확인할 수 있다. 예배의 형식적 측면에서 찬양과 설교가 공동체적인 측면으로 나타날 수 있으며, 새 신자들로 하여금 '부담스러운 자리'가 아닌 '교회 분위기 혹은 교회다움'으로 보여질 수 있는 특징들이 될 수 있기 때문에 개척 멤버의 구성은 중요하다는 것이다. 이러한 고백은 대부분의 연구참여자들이 지적하고 있는 것으로 자신들이 만약 개척 멤버가 구성되었다고 한다면 약 4-5년의 사역의 시간들을 줄일 수 있음을 고백해주었다.

나. 사모(목사의 배우자)와 자녀의 희생: "남편과 아버지가 개척교회 목사이기에"

미자립 및 개척교회에서의 사역은 담임목사들에게만 주어진 것들이 아니었으며, 사모와 그 자녀들에게 개척 사역자들의 역할들이 고스란히 강력하게 요구되고 있었다. 물론 기성교회에서의 사모들의 스트레스와 다양한 사역들의 내용들도 소개되었지만 미자립 및 개척의 현장 속에서 사모들과 자녀들의 역할들은 기성교회서의 그것들보다 더 큰 압박과 스트레스를 낳고 있음을 확인할 수 있었다.

연구참여자(사모): 저는 일단 개척을 했어요. 목사님이 하시겠다고 했을 때 저도 준비가 안 됐기 때문에 거기에 대한 그리고 아이가 어리다 보니깐 너무 아이들 양육도 해야되고 그런 것들 때문에 고민을 많이 했는데

연구참여자(사모): 저 마음은 솔직히요 설거지는 돌아가면서 하라고 하고 싶어요. 솔직히 제 마음은…근데 할 수가 없는 거예요. 제가 집사였으면 '다음 주에는 누가 해' 이렇게 할 텐데, 제가 사모의 입장이다 보니까 그걸 못 시키는 거예요. 누군가 중간에서 다리를 놔 줄 사람이 있어야 하는데. 이게 사모가 하면 시험 든다니까요…사모라고 하니까 사람들이 느끼는 게 뭐냐면요, 현모양처, 뭐 영의정이나 좌의정, 안방마님, 중전의 미덕, 이런 것들을 사람들이 요구하는 것을 제가 느꼈어요… '사모가 그렇게 말 해도 돼?' 이렇게 되는 거예요. 그러니까 사모에 대한 기준의 턱이 있는 거예요

현재 사모들의 경우 담임목사가 돌아볼 수 없는 다양한 활동을 하고 있었는데 주일학교에서부터 식당 봉사까지 담임목사이기에 할 수 없는 사역들을 사모들이 담당하고 있는 것을 확인할 수 있었다. 또한 인용문에서 확인할 수 있듯이 사모에게 요구되는 역할론이 존재하고 있어 사역의 헌신과 봉사를 담당하는 것이 자연스럽게 진행되고 있었다. 물론 연구참여자들의 경우도 사모의 역할과 한국 교회 내의 풍토를 모두 인식하고 있었지만 미자립 교회와 개척 현장에서의 가해지는 헌신과 봉사는 자신에게만 집중되고 있다는 라는 의식에서 자유로울 수 없음으로 인해 많은 어려움을 겪고 있었다.

이러한 상황은 형태에는 차이가 있지만 사역자들의 자녀들 속에서도 나타나고 있었다. 특별히 자녀들의 경우 부모가 미자립 및 개척교회의 사역자

이기에 그에 준하는 생활을 불가항력적으로 선택하게 되었으며, 그에 따르는 유무형적으로 빚어지는 곤란한 상황속에 내몰리게 되는 형국이었다.

연구자: 어제 만났던 목사님은 이런 말씀을 하시더라구요. 개척은 내가 했는데 아이들도 마치 개척하는 사람처럼, 애들도 스트레스 많이 받는다고.

연구참여자: 많이 받죠. 어느 정도. 딸래미는 노골적으로 얘기 했어요. "왜 개척해서 우리를 여기로 데려왔냐, 아빠 저 도로 갈게요"… 물론 마음은 그거지만 걔가 갈 애는 아니예요. 책임감도 있고 또 개척에 대한 이런 마음도 있지만, 애가 그 속에 있는 마음을 얘기 하는 거예요. 친구들도 다 거기 있고…

연구참여자(사모): 여기 오면 아무도 없잖아요…걔네들은 아빠니까 오지만 받아들이기는 힘든 거예요.

또한 경제적인 측면의 어려움으로 말미암아 학령기 자녀들에게 충분한 지원과 교육적 혜택을 주지 못하는 것에 대하여 많은 안타까움을 가지고 있었다.

연구참여자: 아이들이 어릴적에는 좀 괜찮습니다. 그런데 중고등학교 들어가니깐 교육비가 장난이 아니더라구요. 어쩔 수 없으니 돈을 빌리기도 하고…사례로서는 감당하기가 힘들지요. 자기가 하고 싶은 것도 있는데 아이도 그것을 잘 알고는 있습니다. 그러니깐 제가 더 미안하지요. 그래도 본인이 잘하고 있으니깐 감사하지요.

다. 목회자의 우울증: "외롭고 힘이 들어 한동안 멍하니 앉아있었습니다"

미자립 및 개척 사역자들의 경우 다양한 수준의 어려움과 자신의 목회 생활에 대한 불만족 그리고 자신이 실패하였다라는 생각으로 인해 우울증을 겪는 사례들도 확인할 수 있었다. 특별히 개척 이후 어느 정도 교회가 성장 패턴을 보이다가 성도들과의 문제, 재정적인 문제 등으로 인해 성장이 둔화되거나 성도들이 나가는 경험을 하고 난 이후 더욱더 이와 같은 우울증의 경험을 하였다고 고백하였다.

> **연구참여자:** 늘 퍼주기만 하는거예요. 처음 3-4년은 열심히 했지요. 그런데 양육해서 신앙이 자라면 이제 다른 교회들이 눈에 들어오는 거예요. 그러면 교회를 나가게되지요. 말리수도 없어요…

> **연구참여자:** 한 110명까지도 성장한 적이 있었습니다. 그런데 너무 무리하게 건축과정을 진행하고…건축회사가 부도를 맞고…재정적으로 부담이 되니깐 교인들이 하나둘씩 떠나드라구요. 마지막에는 제가 선포를 했지요. 이런 상황에서는 계속 빚만 들어나고 더 이상은 힘들겠다…그런 경험을 하고나니깐 힘이 생기지 않더라구요. 목회를 포기할까…그저 멍하니…아…

사역자들의 경우 가시적 성과 앞에서 보람을 느끼는 측면들도 있었으며, 그에 대하여 부정할 수 없는 측면들이 존재하였다. 한편 그러한 가시적 결과가 부정적으로 나타날 때 많은 심적인 어려움들을 토로하였는데 목회자로서 이전에 연약한 한 사람으로써 모습을 확인할 수 있었다.

그러한 상황에서 사역자들은 열정을 상실하거나 우울한 감정을 가지고 자신의 목회 생활에 대하여 후회하기도 하고 반성하기도 하며, 때로는 실패하였다라는 언급도 하곤하였다. 이러한 측면은 사모들과 함께 공유하거나 취미생활 그리고 목회철학에 대한 재설정 등의 방법을 통해 극복하기도 하였으며, 여전히 그러한 상황속에서 하나님의 은혜를 구하면 견디는 모습들도 확인할 수 있었다.

라. 목회자 및 사모의 커뮤니티 필요: "함께 고민을 나눌 수 있는 동역자"

개척교회 담임목사들과 사모들의 경우 자신의 문제와 상황을 함께 공유할 수 있는 장의 부재를 지적하였다. 즉, 미자립 혹은 개척의 비슷한 처지의 사역자들끼리 서로의 상황을 피드백하고, 앞서 그와 같은 경험을 한 선배들의 조언도 구할 수 있는 커뮤니티를 원하고 있는 모습이었다.

> **연구참여자:** 개척을 준비하는 목사님들이 나름대로 커뮤니티나 컨퍼런스 같은 것들이 주도적으로 있으면 좀…실제로 선배 목사님들 개척하신 목사님들 젊으신 분들 대화하고 이런 과정을 통해서도 많이 배우고 서로서로 정보를 공유하고…그다음에 목회적인 어떤 속마음을 털어놓고 이야기할 수 있는 동역자들.

또한 그러한 장들의 경우 단순히 사역적인 측면에서만 해당되는 것이 아니라 목회자들이 경험하고 있는 내면적인 문제들과 갈등들을 나누며 내면적인 위로와 동료의식을 확보할 수 있다는 장점도 있을 수 있음을 지적하였다. 실제로 아래의 인용문이 경우 비슷한 교회 규모의 목회자들 간의 커뮤니티를 통해 스트레스도 풀고, 성도들 혹은 다른 규모의 동료 목회자들에게 말할 수 없는 상황과 내용들을 나누며 순기능적으로 극복하고 있음을 이야기해주었다. 실제 해당 인용문의 연구참여자 이외에 대부분의 연구참여자들의 경우 이와 같은 형태의 장들을 강력하게 요구하였으며, 교단 혹은 신학교에서 이러한 활동들을 추진해주었음을 요구하였다.

> **연구참여자:** 저는 개척할 때 같이 개척했던 몇몇 분이 계셨어요. 그분들과 같이 기도를 했어요. 일주일에 몇 번 만나 같이 기도를 하고 고민들을 얘기하고 사모님들도 얘기를 하고 그 스트레스가 화가 좀 풀리고 사모님들도 마찬가지. 그다음에 또 하나 중요한 게 제가 하고 있는 것에 대해서 검증받을 수 있다는 거죠. 왜냐하

면 그분들도 저하고 차이가 얼마 나지 않습니다. 연차로는 뭐 2-3년 차이, 인원으로는 10명 20명 차이, 교회 재정으로는 2-3천 1-2천만 원 차이. 그니까 제가 우리 교회 지금 현상에서 조금만 노력하면 저 교회가 되는 거고 거기서 조금만 노력하면 저 교회가 되는 거예요. 그니까 그분들이 겪는 문제를 제가 지금 겪고 있는 문제니까 원칙 원론적인 부분이나 그런 것들에 대해 서로 다 같이 그런 문제를 세밀하게 얘기할 수가 있는거죠. 이런 거는 그 범위를 벗어나면 또 안 되고 딱 그 멤버들이. 그러니까 제가 이제 목회자로서 고립된 것이 풀려지게 됩니다. 그리고 제가 가지고 있는 내면의 고민들을 목회하는 데 대한 고민들을 이야기할 수가 있고 같이 상의하고 토론하고 그걸 가지고 기도하고 한주간 지나서 다시 또 점검하고 그것을 위해서 조언해주고 그 고민들을 자기도 집에 가서 새벽기도마다 다른 사람들 만날 때마다 조언을 듣고 다음주에 와서 설명해 주는 거예요.

이러한 교류와 교제의 장은 사역의 탄력성과 시행착오를 현격하게 줄 일 수 있는 좋은 방안으로 좀 더 체계적으로 추진 될 때에 그 효과성이 극대화 될 수 있음을 예상할 수 있었다.

마. 대형교회의 공격적 사역 속에서 우리만의 전략: "우리교회 앞에서 전도하는 큰 교회 권사님"

미자립 및 개척교회 목회자들은 대형교회의 공격적인 활동 앞에 속수무책의 형국을 보여주고 있었는데 기본적인 인프라의 차이에서 직면하게 되는 다양한 수준의 딜레마들로 인해 사역적인 한계를 경험하고 있었다.

연구참여자: 요즘 누가 고생하면서 개척교회 섬길려 하나요. 저기 길 건너 10분 정도 가면 OO교회가 있지요. OO목사님 교회도 있지요…이거 없다 저거 없다…또 어떤 권사님들은 우리 교회 정문 앞에서 전도지를 나눠줘요. 모르니까 그러는거

지. 그래서 미안하니까 또 저보고 "목사님 전도지 가져다주세요 같이 나눠 드릴께요" 그러더라고…

연구참여자(사모): 아니라고 우리가 다 못하니까 하시라고…

특별히 교회의 재정적 차이와 목회자들의 명성에 의해 수평이동하는 성도들의 모습을 보면서 많은 안타까움을 느끼고 있었다. 그럼에도 불구하고 자신의 영역에서 사역의 방향과 전략적인 행보를 보이는 목회자들도 있었으며, 그 목회지의 성격과 상황에 맞게 효과적으로 전략을 구축한다면 낙담만 하고 있을 필요는 없다고 고백해주었다.

연구참여자: 처음에 어린이집을 할 때 오해를 할 수 있는 부분이 뭐냐면 영리니까 그 교회가 목회자가 거기에 전념하고 그러면 교회는 어떻게 하나 그렇게들 얘기를 많이 하시는데 저는 그걸 반대로 생각을 했어요. 왜냐하면 요즘은 예를 들어서 전도를 할 때 여러 가지 방법이 있을 텐데 밖에 나가서 예수천당 불신지옥 한다고 사람들이 오는 것도 아니고 저도 그렇게 해봤고. 그다음에 그 차를 들고 나눠주면서 하루에 50명 100명이면 100명 하는 거 그것도, 아니면 길거리에 부침개를 구워서 하는 것도 그거는 그 교회 사정인거 같애요. 저희 교회는 제가 처음에 할 때 어린이집이 왜 필요하냐? 전도하기 위해서다. 저는 그게 다른 교회는 밖에 나가서 그렇게 전도하는 거 우리 교회는 어린이집을 통해서 전도하는 거기 때문에 우리가 손해가 되더라도 한다 원칙은 그랬어요. 지금도 어린이집에 재정이 사실은 제로가 안 됩니다. 항상 마이너스입니다…

대형교회의 사역은 미자립 및 개척교회의 사역자들에게는 '매우 공격적이다'라는 느낌을 주고 있었다. 하지만 주어진 상황 앞에서 목회자로서의 소명을 충분히 반응하기를 원하였으며, 자신의 지역과 상황에 맞는 사역들을 추진하고자 노력하는 모습들이 있었다. 또한 대형교회의 사역 형태에 대하여 많은 논의들도 있었는데 지교회 중심의 사역이 아니라 해당 지역 내의 다양한 수준의 교회를 돌아보고 후원해줄 수 있는 측면 그리고 성도들의 헌신을 실제으로 다른 교회와 나눌 수 있는 방편도 필요하지 않는가에 대하여 지적해주기도 하였다.

바. 1인 사역으로 인한 탈진: "설교, 새벽기도, 심방, 교제…반복되는 계속적인 일"

목회자의 목회활동에서 나타나는 탈진은 장기적인 목회활동의 안정감 있는 유지를 저해하는 주요한 요소로서 작용할 수 있다. 이와 관련하여 오태균(2009)은 한국 목회자의 현실과 관련하여 탈진의 사항들을 정리해주었는데 1) 반복되는 계속적인 일, 2) 사역의 결과에 대한 불확실성, 3) 과다한 사역 업무, 4) 쉼의 가치를 인정하지 않는 태도, 5) 상대적으로 낮은 급여 등으로 한국 사회 내 목회자들의 탈진이 촉발되고 있으며, 이에 대한 적절한 대책들이 필요함을 강력하게 제시해주었다.[19] 오태균의 지적은 산간벽지 목회자들에게도 여과없이 적용될 수 있으며, 산간벽지 목회자들이 직면하고 있는 사역 환경들을 고려할 때 더욱더 이러한 요소들을 강하게 확인할 수 있었다.

연구참여자: 처음 부임을 하고 몇 년간 정말 열심히 사역을 했습니다. 무조건 열심히 모든 일을 감당했습니다. 성도들과의 만남, 심방, 설교, 행사…열심히만 하면 될 줄 알았고, 그것이 제가 해야 할 일로 생각하기도 했습니다. 그렇게 시간을 보내니 내 자신이 정말 힘들어지더군요. 완전히 모든 것을 포기하고 싶고, 그야말로 끝을 보았습니다…그때 선배 목사님께 며칠 어디 가서 그곳에서 잠을 푹 자라고

---

[19] 오태균(2009). 목회자의 탈진에 대한 교회 교육학적 과제. 기독교교육정보, 22, 293-325.

하시더군요…이제는 그 선배 목사님의 말씀이 무엇인가 이해하지요.

연구참여자: …계속해서 내안에 공급되는 뭔가가 없으면 나올 수 있는 것이 고갈이 돼 버리거든요. 목회자가 스스로 지쳐버리면 의욕 자체가 사라져버리니까. 그런 부분들이 마음이 쓰이죠…촌교회 목사님들 혼자 다 하니까…설교라든지 그런 부분들 부담이 많고. 도시교회 목사님도 설교야 많이 안 하겠습니까 만은…저희 교회에서도 설교 부담들이 참 많습니다.

소형교회는 1인 목회자에 의해 사역이 진행될 가능성이 높으며, 부교역자와 함께 사역할 수 있는 형편이 아닌 경우가 대부분이다. 이러한 맥락은 특정 목회자에게 교회의 모든 업무와 사역이 집중될 수 밖에 없을 시사하는 것이며, 이는 결국 목회자의 탈진의 결과를 초래하고 있는 것이다. 이는 해당 목회자들의 탈진을 극복할 수 있는 방안과 관련한 직·간접적인 지원을 강력하게 요청하는 대목인데, 연구참여자들의 경우 동료 목회자들과의 네트워크를 통한 쉼과 교제, 지역 기반 사모들의 활동 등을 실제적으로 요청하고 있었다. 즉, 자신들의 형편을 나누고 이해할 수 있는 목회자들 간의 의미 있는 교제의 시간을 통해 사역의 정보도 공유하고, 선·후배간의 지지도 받을 수 있는 시간들을 목회자들은 원하고 있다.

사. 경제적 압박: "힘이 듭니다. 너무…"

성급한 개척을 통한 무리한 재정 지출 그리고 비전을 공유하지 못하고 관계를 형성하지 못함으로 인한 개척맴버의 부재, 자녀들의 성장 등등은 결국 경제적 압박이라는 인과관계를 형성하게 하고 있었다.

연구참여자: 아무것도 없었어요…아무튼 이제 1년 딱 살고 월세가 너무 많이 나가

잖아요. 살아보니까. 성도는 별로 안 오고. 그래서 딱 계산을 해보니까 일주일에 13시간 쓰더라고 본당하고. 일 년에 4천만 원을 쓰는데 일주일에 13시간 쓰고 비워 놓는 거야 저렇게…동네 사람들 오나 안 오지…내가 '너무 아깝다' 마침 일 년 쓰니까 주인이 결과적으로는 비워달라는 거였어요. 나와 가지고 보따리 딱 싸가지고 2층 태권도장에 들어갔어요. 일 년 반을 태권도장에서 토요일에 폈다가 주일에 접어서 다시 창고에 넣어놓고. 일 년 반 있었어요.

연구참여자: 처음에 부임에서 보니깐 사례도 제대로 나오지 않을 상황이더라구요. 이미 있었던 성도들도 막 옮기려는 상황이었고. 막막하더라구요. 그래도 사모가 일을 할 수 있어서 아이들을 가르치면서 생활은 해왔는데…

경제적인 어려움을 통해 사역자들은 실제적인 생계의 문제에 봉착하고 있었다. 채 100만 원이 되지 않는 사례를 가지고 가족을 부양해야 하는 아버지로서의 답답한 마음은 면담 과정에서 수차례 만나고 확인할 수 있었다. 하지만 그러한 상황속에서 하나님의 섭리를 기대하면서 회복해나가는 사례들도 있었으며, 후원을 통해 경제적 상황을 극복해나가는 경우들도 확인할 수 있었다.

연구참여자: 후원 편지의 경우 100% 소용이 없습니다. 왜냐하면 제가 부교역자로 있을 때 거의 읽어보지 않았거든요…가장 좋은 것은 신대원 동기들이나 그동안 부교역자 생활을 하면서 거쳐왔던 교회로부터의 후원들을 통해 현재는 교회가 운영이 되고 있습니다. 처음에는 후원이 없이는 불가능하지요. 성도들도 없고, 또 바로 헌금 이야기를 할 수 없지 않습니까. 그래도 지금은 후원과 성도들의 헌금을 통해 어느 정도는 가고 있지요. 그래도 부족하지만요.

소형 및 개척교회의 목회자들은 낮은 사례와 경제적인 어려움을 감당하면서 목회활동을 수행하고 있는 것이 현실이었다.

> **연구참여자:** 사실 경제적인 거죠. 저도 서울 있을 때 마지막 사례가 연봉제긴 했습니다만 300만 원이 넘었거든요. 여기 딱 들어오는데 기본 사례가 160만 원이라 하더라구요. 거의 딱 절반 아닙니까. 어떻게 먹고 살지 우리 와이프(아내)한테 물어봤죠. 평소에 제가 이런 자리가 몇 번 있어가지고 물어봤었는데, 안 가려고 하더라구요. 그런데 이번에는 와이프(아내)가 가겠대요. 160만 원이라도. 그래서 저도 왔거든요…

목회자들이 경험하고 있는 다양한 딜레마들이 경제적인 문제와 이슈로 인해 더욱 가속화되고 가중되고 있음을 지적해준 것이다. 해당 연구에서는 동일하게 경제적인 차원의 문제가 목회자들이 경험하고 있는 딜레마 중에 하나로 확인되고 있으며, 이에 대한 해결책이 시급하게 도출되지 않는다면 산간벽지 소재 목회자들의 사역 자체가 안정감있게 진행되기가 쉽지 않을 것으로 판단된다. 이를 단순히 목회들의 헌신과 소명에 따른 책임으로 돌리기에는 무리가 있으며, 현실적인 지원책을 통해 안정감 있는 사역이 지속될 수 있도록 해야 할 것이다.

아. 은퇴후 극심한 경제적 문제: "내가 수급자로 있으니깐, 정부가 39만 원 줍니다"

소형교회 은퇴목회자들이 경험하는 경제적인 상황은 은퇴 전 목회자들이 경험하는 압박보다 더욱 크다고 할 수 있다. 이미 선행연구들에서 확인되고 있듯이 도시지역 혹은 산간벽지 소재의 교회이든 소형교회의 목회자들은 심각한 경제적인 어려움에 직면하고 있다. 연구과정을 통하여 그러한 상황이 목회 현장에서 은퇴한 이후에도 변화 없이 지속되고 있다는 것이다. 오히려 그 압박의 수준이 더욱 커지고 경제적인 상황이 악화되고 있는 경향이었다. 실제로 연구참여자들은 일선 목회 현장에서 은퇴함으로 말미암아 그나마 있었던 보조와 목회 활동에 의한 작은 사례도 끊어져 버림으로 인해 더욱 경제적인 압박을 받는 상황이었다.

연구자 : 목사님 그럼, 여기가 보증금 50만 원, 월 15만 원인데, 그 경제는 어떻게 유지하십니까?

연구참여자 : 내가 수급자로 있으니깐, 정부가 39만 원 줍니다. 39만 원하고, 장애 3급이니깐, 이제 4만 원 나옵니다. 그리고 노령연금…도시 목회를 한 사람들은 몇 년을 했든 조금은 낫고, 도시라고 해도 개척을 해서 어렵게 있다가 은퇴를 했던지, 농어촌에 몇 명씩 열 몇 명 이런데 목회를 하다가 은퇴를 하면 정말 힘들어. 내가 살아온 것이 어쩌면 우리 **(교단)의 정 코스인지 몰라…

2023년 3월 현재 정부 최저임금위원회의 공시에 따르면 법제적으로 시급 9,620원, 일급(8시간 기준) 76,960원, 월급(주40시간, 유급주휴 8시간 포함) 2,010,580원을 최저임금으로 규정하고 있으며, 이는 한국사회에서 안정적인 생활을 유지하며 기능적인 사회 구성원으로서 활동을 위해 요구되는 최소한의 임금과 경제적 수준임을 의미하는 것이다.[20] 해당 기준에 준하여 은퇴목회자들의 경제적 상황을 살펴본다면, 소형교회 은퇴목회자와 그 목회자의 배우자는 경제적인 최소한의 소득 요건을 충족하지 못하고 있는 상황이며, 그로 인해 안정적인 생활을 유지하기가 어려운 실정임을 강력하게 시사해주고 있다. 실제로 본 연구 과정에 참여한 대부분의 은퇴목회자들과 목회

---

20 정부 최저임금위원회 2023 적용 최저임금액 현황 https://www.minimumwage.go.kr/main.do (접속일: 2023년 3월 8일 검색)

자의 배우자들은 해당 상황으로 인해 심각한 경제적인 어려움에 직면해있었다. 대부분 목회자들에게 있어 소득원은 존재하지 않았으며, 정부로부터 보조를 받거나, 자녀들로부터 지원을 받아 생활하는 형국이었다. 이러한 맥락에서 가장 중요한 요소로서 자택 소유의 여부는 안정적인 생활을 위한 기반이 되고 있었으며, 자택을 소유하지 못한 은퇴목회자의 경우 더욱 어려운 상황에 자립잡고 있는 모습이었다.

이와 관련하여 목회자들이 자신들의 은퇴를 체계적으로 준비해야 할 필요성이 대두된다고 할 수 있다. 실제로 각 교단에서는 다양한 은퇴준비 정책들이 추진되고 있다. 하지만 소형교회 목회자들에게 있어 해당 준비 과정마저도 매우 힘든 모습으로 확인되었는데, 그것은 은퇴 전 사역 당시에도 이미 경제적인 한계로 인해 체계적인 은퇴 준비 자체가 구조적으로 불가능한 상황이었기 때문이다. 이와 관련하여 해당 주제만을 본 연구에서는 구분하여 다음절에서 다루었다.

자. 체계적인 은퇴 준비의 한계와 어려움: "교회의 생존과 존폐 앞에서 나의 은퇴준비를 어찌할 수 있겠습니까!"

은퇴목사는 정년이 되거나, 혹은 특수한 사정으로 퇴임한 목사이며, 원로목사는 한 개체 교회에서 20년 이상 시무한 목사가 교회에서 원로목사로 추대어 은퇴함을 의미한다.[21] 해당 연구에서 집중하고 있는 은퇴목회자들은 '소형교회'의 은퇴목회자들로서 정년이 되었거나, 특수한 사정으로 한 개체 교회에서 은퇴한 이들이었으며, 그 가운데는 20년을 기준으로 그 이상을 근무한 이들과 그렇지 않은 이들도 있었다. 소형교회에서 은퇴한 이들의 경우

---

21 특별히 원로목사로 추대하여 은퇴할 때에는 해당 교회에서 추대절차에 따라 공동의회에서 추대 결의하고, 노회의 허락을 받아 원로목사로 추대받아야 한다. 이 과정에서 시무기간 산정은 해당 교회에서의 전 시무기간을 통산하여 이루어진다. 대한예수교장로회 고신총회, 『헌법』 제5장 제42조(목사의 칭호), 271.

세간을 떠들썩하게는 거액의 전별금이나 은퇴 이후의 보장된 삶의 모습과 상황은 찾아볼 수 없었다. 실제로 은퇴 이후의 안정적인 생활이 영위될 수 있도록 경제적인 측면이 보장되거나 지원을 받을 수 있는 구조를 가진 연구참여자는 거의 없었다. 이는 연구참여자로 선정된 이들의 개인적인 상황이기보다는 소형교회에서 은퇴한 목회자들의 일반적인 상황이었으며, 이를 연구참여자들로부터 명확하게 확인할 수 있었다. 또한, 이는 앞서 언급한 극심한 경제적인 어려움과도 관련되어 있는 것이다.

이러한 맥락에서 볼 때 한국 교회 내 대다수를 차지하고 있는 중소형교회의 목회자들은 은퇴 이후에 아내와 함께 거주할 집을 마련하는 것도 부담스러운 상황이며, 노후 대비를 위한 체계적인 준비를 시도하는 것 자체가 힘겨운 상황임을 예측할 수 있다. 이와 관련하여서 소형교회 은퇴목회자들 가운데 확인할 수 있는 요소가 바로 체계적인 은퇴 준비의 한계와 어려움이었으며, 그로 인한 딜레마였다.

연구참여자: 은급비를 교회에서 넣어주면 좋죠. 저도 만약 은급비를 교회에서 넣어주었다면 계속 갔겠죠…한 달에 40,50만 원, 호봉이 자꾸 늘어나니깐 한 달에 40,50만 원, 우리 애가 **동에서 고시공부를 했거든요. 한 5년 공부했으니깐 거의 다 거기에 다 대주고, 우리가 시골이니깐 우리 쓰는 생활비는 얼마 안 들었어요. 교회에서 식량 나오고 야채 나오니깐, 그러니깐 볼 때 도시 교회 목사님들은 은급비 넣는 게 상당히 힘들겠다. 큰 교회 같은 경우에는 차라리 교회에서 넣어줘서 괜찮지만, 어제 만난 사모님도 많이 어려워하시더라고요…

연구참여자 : 솔직히 말하면 작은 소형교회는 답은 없죠. 어떤 대안도 없고, 사실은 이제 이걸 고민을 많이 해야 하는 문제도 하고. 개척교회 있는 입장에서 뭔가 조금이라도 뭘 할 수 있는 여건이 되면, 어떻게 방법을 연구해볼 수 있지만, 사실은 그게 소형교회, 시골교회 가면 열댓 명, 열 명 미만 이런 교회가 대부분인데, 더

군다나 그런 규모의 재정이 없을 상황이 많고, 주로 또 노인계층이고, 그러다보면 재정적으로 수입원이 없는데, 무슨 다른 일을 할 수 있다든지, 노후를 준비한다든지, 은퇴를 하게 되면 새로운 목사님이 부임해도 그분이 할 수 있는 것이 없다는 거죠. 그분이 은퇴목사님에게 마음이 없어서 못해주는 것보다 여건이 안 되어서 못해주는 게 대부분이라 볼 수 있죠…우리 교회는 개척을 하면서, 80퍼센트가 부채인데…답이 없는 거예요.

연구참여자의 인용문에서 확인할 수 있듯이 현재의 미자립교회로서 소형교회 사역 자체도 감당하기 어려운 상황 속에서 은퇴 이후의 노후를 체계적으로 준비하며 나아간다는 것이 쉽지 않음을 확인할 수 있다. 더불어 은퇴자금의 준비 혹은 은급재단가입과 같은 형태의 내용도 매월 납입 금액 자체의 부담도 존재하고 있음을 확인할 수 있었다.

일반적으로 소형교회에서 사역하고 은퇴하는 목회자들은 기본적으로 소형교회가 가지고 있는 한계 속에서 자신을 희생하며 사역을 감당하고 있는 것이 사실이다. 목회자 자신과 가족에게 기본적인 생활 유지를 위하여 활용 및 적용되어야 할 유·무형적인 요소들이 교회의 생존과 사역의 유지를 위하여 활용되어야만 하는 상황이 존재하는 것이다. 이러한 측면이 소형교회 목회자들로 하여금 자신의 은퇴준비와 같은 내용이 교회의 존폐(存廢)를 고민해야 할 당장의 상황 앞에서 우선순위에서 밀리게 되는 것이며, 목회자로서 쉽게 선택할 수 있는 내용이 되지 못하는 것이다.

차. 중·장기 로드맵(road map) 구성의 어려움: "5년, 10년 밖에 희망이 없다"

목회사역에 있어 중·장기적인 로드맵 구성은 목회자의 사역 내용과 방향을 구성함에 있어 중요한 역할을 한다. 더욱이 성도들의 신앙적 성숙과 성장을 위한 교육적 과정은 단기간에 효과성을 확인할 수 있는 사항이며, 중·장기적인 차원에서 고민하고 이루어져야 할 사항이다. 이와 관련하여 교계와 목회 현장에서 확인할 수 있는 중·장기적인 목회 로드맵애 대한 목회자들의 관심은 해당 사항이 사역에서 중요한 역할을 자치하고 의미 있음을 반증하는 현상으로 볼 수 있을 것이다. 하지만 산간벽지 소재 교회의 목회자들은 이처럼 중요한 목회사역의 중·장기적인 계획과 로드맵 구성의 구조적인 어려움과 한계를 느끼고 있었다.

연구참여자: 저희가 전체 교인이 50명인데, 숫자상으로 출석하는 숫자가 40명입니다. 80대가 10명, 70대가 10명, 그 밑에가 10명. 그렇게 보시면 돼요. 그러니까 조금씩 더 봐야 되겠죠? 80대가 12명, 70대가 12명, 60대가 12명, 밑에는…

연구참여자: …이 분들이 적게는 10여 년 되신 분도 있고, 많게는 한 30년 40년 되신 분도 있다구요. 우리교회 오신 지. 그런데 전체적인 숫자를 따져보면 예전보다 지금이 못하거든요…이제 젊은 층들이고 뭐고 다 빠져나가 버리고, 지금은 와 봐야 들어올 젊은 사람은 없고, 나이 많은 분들 들어올 일밖에 없는데, 그렇다 보니까 나이 많은 분들 더 들어와 봐야 불과 5년 10년 밖에 희망이 없다는 거죠…그런 부분에 있어서는 '크게 교회에 기대하고, 바라고, 미래는 어떻게 됐으면 좋겠다' 이런 전망들을 가지고 있는 부분들은 적지 않겠냐 싶고…전도의 마인드는 여전히 있지만, 교회 20년 30년 후에 '우리 교회가 크게 부흥할 거다' 이런 희망들은 사실 가지고 있진 않는 거 같고… 이게 농촌 교회의 실정입니다.

산간벽지 소재 교회에서 사역하는 목회자들은 지역사회의 초고령화와 인구유입 부재와 같은 사회구조적인 측면의 한계 등 자신들이 직면하고 있는 현실적인 상황 앞에 중·장기적인 교회의 청사진과 로드맵을 구성함에 어려움을 느끼고 있었다. 지역사회의 초고령화와 인구유입의 부재는 교회로 하여금 5년, 10년 뒤를 대비한 정책을 구성하고 계획을 수행하는 것에 실제적인 한계가 있는 것이다. 이러한 상황 속에서 농·어촌 및 산간벽지의 특성에 부합하고, 현실적인 목회 사역을 지원할 수 있는 중·장기적인 인식과 패러다임의 전환이 요청되는데, 이러한 측면의 관심과 지원을 통해 산간벽지 교회 목회자들을 유의미하게 격려하며 지지해줄 수 있을 것으로 판단된다. 이와 관련하여 2017년 대한예수교장로회(통합) 총회 농어촌선교부 정책협의회에서 '마을목회와 귀농귀촌상담소 운영 사례' 발표가 진행된 후 마을목회에 대한 노회와 총회의 지원에 대한 토론회가 진행되어 의미가 있다(한국기독공보, 2017.11.20.). 이때 목회자들은 농어촌 상황이 각기 다르기 때문에 총회가 관심을 갖고 현실적인 로드맵을 함께 고민하며 제시해주길 희망하였으며, 이는 전술한 문제의식을 반영한 현장 목회자들의 움직임으로 볼 수 있을 것이다.

III.
연구 방법

1. 연구 대상

본 연구에서는 고신총회 전국 35개 노회의 개척교회에 시무하고 있는 목회자 266명의 교회를 대상으로 개척교회 실태 조사를 실시하였으며, 이는 국내전도위원회의 지원을 받아 존속하고 있는 344개(현재 400개 지원 교회 기준 86%) 교회의 77.3%의 교회가 참여한 것이다.[22] 조사 시기는 2023년 2월 10일부터 4월 20일까지 11주간 실시하였으며, 설문조사 방법은 네이버폼을 이용한 웹설문지 형식으로 실시하였다. 연구참여자의 개인적 배경은 다음 〈표 Ⅲ-1〉과 같다. 개인적 배경을 구체적으로 살펴보면, 참여 교회 목회자들의 연령대는 50대가 50.8%로 가장 많았고 다음으로 60대(25.9&), 40대(19.5%) 등의 순으로 나타났다. 소속 노회 권역은 동남권이 46.2%로 가장 많았고 다음으로 수도권(19.9%), 대경강원권(17.7%) 등의 순으로 나타났다. 교회 행정구역은 대도시가 41.4%로 가장 많았고, 다음으로 50만 미만 중소도시(25.2%), 50만 이상 중소도시(15.8%), 농어촌(17.7%) 순으로 나타났다. 개척 공동체 조직 기간은 평균 10.4개월이 소요되었고, 개척 후보지 조사 기간은 평균 5.9개월이 소요되었으며, 개척목회를 위한 역량 훈련 기간은 평균 16.7개월이 소요되었고, 개척 예산 준비 기간은 평균 9.8개월이 소요되었다. 연구참여자의 특성은 〈표 Ⅲ-1〉과 같다.

---

22 특별히 이번 조사는 고신총회 국내전도위원회로부터 3,000교회 운동의 일환으로 지원된 교회에 한정하여 수행되었으며, 4월 현재 총 400개 교회가 지원을 받아 개척되었다. 이중 전수조사 과정을 통하여 교회의 존속, 폐쇄, 미자립 등을 확인해본 결과, 400개 교회 중 344개 교회(86%)가 존속하고 있으며, 53개 교회(13%)는 폐쇄, 3개 교회(1%)는 연락두절 상태였다. 한편, 자립교회는 97개 교회(28%)였으며, 미자립교회는 247개 교회(72%)였다. 좀 더 자세한 사항은 전수조사 결과 [부록1]을 참고하기 바란다.

〈표 Ⅲ-1〉 연구참여자의 특성(N=266)

구분		명	%
참여(교회)	목회자	266	100.0
연령대	30대	6	2.3
	40대	52	19.5
	50대	135	50.8
	60대	69	25.9
	70세 이상	4	1.5
소속 노회 권역	수도권(서울, 경기, 인천)	53	19.9
	충청권(충청, 세종)	12	4.5
	호남제주권(전라, 제주)	31	11.7
	대경강원권(대구, 경북, 강원)	47	17.7
	동남권(부산, 울산, 경남)	123	46.2
교회 행정구역	대도시	110	41.4
	50만 이상 중소도시	42	15.8
	50만 미만 중소도시	67	25.2
	농어촌	47	17.7
		평균(개월)	표준편차
개척 공동체 조직 기간(개월)		10.4	15.61
개척 후보지 조사 기간(개월)		5.9	5.36
개척목회를 위한 역량 훈련 기간(개월)		16.7	25.66
개척 예산 준비 기간(개월)		9.8	18.50

2. 설문 내용

본 연구의 설문 내용은 개인적 배경과 관련된 문항(8문항), 교회 개척 사항 32문항, 사역 관련 사항 40문항, 개척교회를 위한 지원 요구 52문항으로 구성되었다. 본 연구의 설문 내용은 다음 〈표 Ⅲ-2〉와 같다.

〈표 Ⅲ-2〉 설문 내용

구분	문항 내용	문항수
개인적 배경	성별, 연령대, 소속 노회 지역, 교회 행정구역, 개척을 위한 준비 기간(개척 공동체 조직, 개척후보지 조사, 개척목회를 위한 역량 훈련, 개척 예산 준비)	8
교회 개척 사항	교회개척 사역 중 가장 힘든 점(1순위, 2순위) 개척재정 규모와 조달 방법(6문항) 교회의 특성(25문항)	32
사역 관련 사항	교회 운영 프로그램 중점 내용(7문항) 사역 관련 활동 도움 여부(7문항) 목회 활동 스트레스(17문항) 삶, 목회 활동, 개인 경건생활 만족도(3문항) 아르바이트 경험(6문항)	40
개척교회를 위한 지원 요구	사역 영역에 대한 현재 선호도-미래 중요도(10문항) 국내전도위원회 지원 영역에 대한 현재 선호도-미래 중요도(13문항) 교회개척 지원 형식 영역에 대한 현재 선호도-미래 중요도(8문항) 개척교회 사역을 위해 가장 중요한 요인에 대한 현재 선호도-미래 중요도(20문항) 개척교회가 성장하지 않는 가장 큰 요인	52
계	132문항	

3. 분석 방법[23]

본 연구에서는 SPSS 23.0 프로그램을 활용하여 개척교회 목회자들의 인식을 분석하였다. 구체적인 분석 방법은 다음과 같다.

첫째, 연구대상의 개인적 배경과 인식의 분포를 파악하기 위해 빈도분석, 기술통계, 일원분산 분석을 실시하였다.

둘째, 요구도 우선순위를 파악하기 위하여 Borich(1980) 요구도와 locus for focus 모델유형 결정(Mink, Shultz, & Mink, 1991) 분석을 실시하였다.

먼저 Borich의 요구도 값은 현재 수준과 바람직한 수준 간의 차이에 바람직한 수준에 대한 가중치를 부여함으로써 두 수준 간 차이에 대하여 우선순위 결정의 방향성을 제공한다. 이를 수식으로 나타내면 다음과 같다.

$$\frac{\sum_{n=1}^{N}(RL_n - PL_n) \times \overline{RL}}{N}$$

RL (Required Level) : 미래 중요도 수준
PL (Perceived Level) : 현재 선호도 수준
$\overline{RL}$: 미래중요도 수준의 평균
N : 전체 사례 수

Borich 요구도 공식은 바람직한 수준에 가중치를 둔 방식으로 요구도 값에 따라서 우선순위를 결정할 수 있다. 그러나 어느 순위까지를 최우선적으로 고려할 것인지에 대한 판단기준은 없다는 단점이 있다. 다음으로 이러한 단점을 보완하기 위해 The Locus for Focus Model을 사용하였다.[24]

---

[23] 본 절의 내용은 이현철(2021)의 "그들은 무엇을 요구하고 있는가: 한국 교회 내 코로나블루 청소년의 요구 분석"(고신신학 23호, 205-222)의 일부임을 밝혀둔다.
[24] Borich 요구도와 The Locus for Focus Model에 관하여서는 다음의 자료를 참고하라. Borich, G. D.(1980). A needs assessment model for conducting follow-up studies, *The Journal of Teacher Education*, 31(3), 39-42. Mink, O. G., Shultz, J. M., & Mink, B. P.(1991). *Developing and managing open organizations: A model and method for maximizing organizational potential* (Austin: Somerset Consulting Group, Inc.).

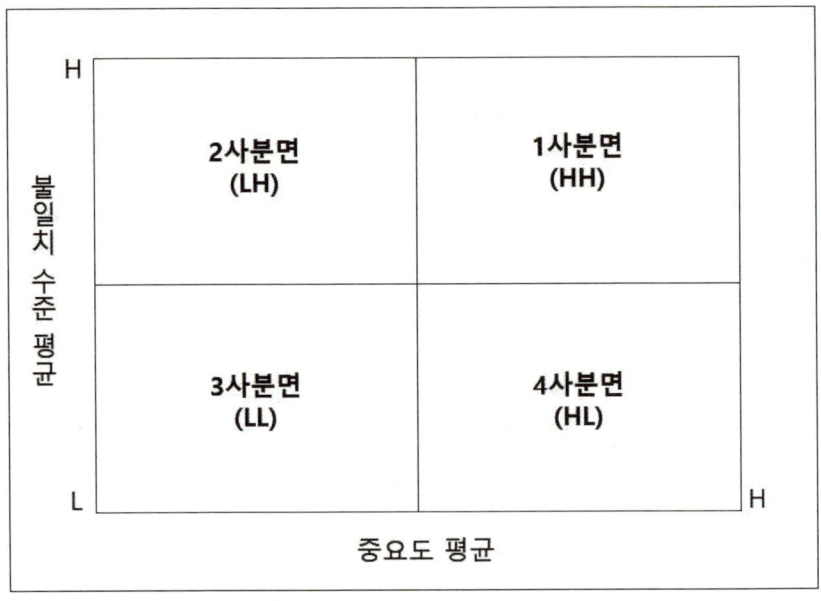

[그림 III-1] The Locus for Focus Model

    The Locus for Focus Model은 바람직한 수준의 평균값을 x축으로, 바람직한 수준과 현재 수준 간의 차이(불일치 수준)의 평균값을 y축으로 하는 좌표평면으로 [그림 III-1]과 같다. [그림 III-1]에서 보이듯 제1사분면(HH)은 중요성이 평균보다 높고 두 수준의 차이(불일치 수준)가 평균보다 높은 최우선순위군으로 분류할 수 있다. 다음으로 제2사분면(LH)은 중요성이 평균보다 낮고 두 수준의 차이가 평균보다 높고, 제4사분면(HL)은 중요성이 평균보다 높고 두 수준의 차이가 평균보다 낮아 차우선순위군으로 분류할 수 있다. 제3사분면(LL)은 중요성이 평균보다 낮고 두 수준의 차이(불일치 수준)가 평균보다 낮아 우선순위가 가장 낮은 영역이라고 할 수 있다.[25]

---

25 현영섭·권대봉·신현석·강현주·장은하·최지수(2017). 지역인적자원개발 정책 과제 발굴 및 추진계획마련. (서울: 고려대학교 HRD 정책연구소), 67.

Borich 공식과 마찬가지로 바람직한 수준으로 우선순위 결정의 방향성을 갖는 The Locus for Focus Mode의 결과는 Borich 공식에서 도출된 우선순위에서 어느 순위까지를 1차적으로 고려할지에 대한 정보를 제공해 준다. 마지막으로 The Locus for Focus Mode에서 HH분면에 포함된 항목과 그 개수를 파악한다(차순위도 포함). 그리고 The Locus for Focus Mode에서 HH분면에 속한 항목의 개수만큼 Borich의 요구도 상위 순위에 포함된 항목들을 결정한다(차순위도 포함). 그리고 두 방법을 통해 상위 우선순위로 제안된 항목들의 중복성을 확인한다. 두 방법으로부터 공통으로 상위 우선순위에 해당되는 항목을 최우선 순위 항목들로 결정한다. 또한, 두 방법의 하나에만 해당하는 항목을 차순위 항목들로 결정한다.[26]

---

[26] 조대연(2009). 설문조사를 통한 요구분석에서 우선순위결정 방안 탐색, 교육문제연구(35), 165-187: 177.

IV.
데이터 분석하기

1. 교회 개척 준비 사항

가. 개척을 위한 준비기간과 준비과정

교회 개척을 위한 준비기간과 준비과정을 조사한 결과는 다음과 같다.

첫째, 개척 공동체 조직 기간은 평균 10.4개월이 소요된 것으로 나타났다. 노회권역별로 살펴보면, 대경강원권이 14.0개월로 가장 길었고 충청권이 8.5개월로 가장 짧았다. 노회 행정구역별로 살펴보면, 50만 미만 중소도시가 10.9개월로 가장 길었고 농어촌이 9.7개월로 가장 짧았다.

둘째, 개척 후보지 조사 기간은 평균 5.9개월이 소요된 것으로 나타났다. 노회권역별로 살펴보면, 수도권이 7.0개월로 가장 길었고 동남권이 5.1개월로 가장 짧았다. 노회 행정구역별으로 살펴보면, 농어촌이 7.2개월로 가장 길었고 대도시가 5.2개월로 가장 짧았다.

셋째, 개척 목회를 위한 역량 훈련 기간은 평균 16.6개월이 소요된 것으로 나타났다. 노회권역별로 살펴보면, 충청권이 40.3개월로 가장 길었고 동남권이 12.9개월로 가장 짧았다. 노회 행정구역별으로 살펴보면, 50만 이상 중소도시가 19.9개월로 가장 길었고 50만 미만 중소도시가 12.3개월로 가장 짧았다.

넷째, 개척 예산 준비 기간은 평균 9.8개월이 소요된 것으로 나타났다. 노회권역별로 살펴보면, 충청권이 39.3개월로 가장 길었고 동남권이 7.6개월로 가장 짧았다. 노회 행정구역별으로 살펴보면, 농어촌이 11.4개월로 가장 길었고 50만 미만 중소도시가 8.0개월로 가장 짧았다.

개척을 위한 준비기간과 준비과정에 대한 분석 결과는 〈표 IV-1〉과 같다.

〈표 IV-1〉 개척을 위한 준비기간과 준비과정(N=266)

구분		개척 공동체 조직 기간(개월)		개척 후보지 조사 기간(개월)		개척목회를 위한 역량 훈련 기간 (개월)		개척 예산 준비 기간(개월)	
		평균	표준편차	평균	표준편차	평균	표준편차	평균	표준편차
노회 권역	수도권	9.3	10.94	7.0	5.55	21.3	24.22	10.2	12.55
	충청권	8.5	6.52	6.4	4.34	40.3	70.35	39.3	71.61
	호남 제주권	11.9	14.77	5.6	4.31	15.0	27.47	8.1	6.74
	대경 강원권	14.0	24.22	6.9	6.15	16.1	15.23	8.6	9.45
	동남권	9.2	13.84	5.1	5.21	12.9	19.54	7.6	8.80
노회 행정 구역	대도시	10.5	15.39	5.2	4.36	16.8	29.15	10.3	24.25
	50만 이상 중소도시	10.0	18.70	7.1	6.80	19.9	22.57	9.6	11.24
	50만 미만 중소도시	10.9	17.87	5.4	4.18	12.3	14.19	8.0	7.58
	농어촌	9.7	8.42	7.2	7.03	19.7	31.47	11.4	19.36
총계		10.4	15.61	5.9	5.36	16.6	25.66	9.8	18.50

나. 교회 개척 사역 중 가장 힘든 점

교회 개척 사역 중 가장 힘든 점에 대해 조사한 결과는 다음과 같다.

첫째, 교회 개척 중 가장 힘든 점 1순위에는 생활고 및 경제적 요건(생계유지)가 43.6%로 가장 높았고, 다음으로 교회 성장에 대한 부담감(18.0%), 목회자 자신의 능력 부족(9.8%) 등의 순으로 나타났다. 노회권역별로 살펴보면, 모든 지역에서 생활고 및 경제적 요건(생계유지)의 비율이 가장 높게 나타났으며, 그다음으로 교회 성장에 대한 부담감으로 나타났다. 노회 행정구역별로 살펴보면, 모든 지역에서 생활고 및 경제적 요건(생계유지)의 비율이 가장 높게 나타났으며, 대도시를 제외하고 그다음으로 교회 성장에 대한 부담감으로 나타났다. 대도시는 그다음으로 목회자 자신의 능력 부족이 높게 나타났다.

둘째, 교회 개척 중 가장 힘든 점 2순위에는 교회 성장에 대한 부담감이 26.7%로 가장 높았고, 그다음으로 생활고 및 경제적 요건(생계유지)(19.9%), 목회자 자신의 능력 부족(11.3%) 등의 순으로 나타났다. 노회권역별로 살펴보면, 동남권을 제외하고 모든 지역에서 교회 성장에 대한 부담감이 가장 높게 나타났으며, 동남권은 생활고 및 경제적 요건(생계유지)이 가장 높게 나타났다. 노회 행정구역별로 살펴보면, 대도시와 농어촌은 동남권은 생활고 및 경제적 요건(생계유지)이 가장 높게 나타났으며, 50만 이상 중소도시와 50만 미만 중소도시는 교회 성장에 대한 부담감이 높게 나타났다.

교회 개척 사역 중 가장 힘든 점에 대한 1순위와 2순위는 〈표 IV-2〉와 〈표 IV-3〉과 같다.

〈표 IV-2〉 교회 개척 사역 중 가장 힘든 점(1순위)

		생활고 및 경제적 요건 (생계 유지)	설교 준비	주일 사역	성도 와의 관계	목회자 자신의 능력 부족	가족 관계	동료 목회자 와의 관계	지역 사회 와의 관계	교회 성장에 대한 부담감	사역에 대한 낙심	그 외 기타
노회 권역	수도권	43.4%	11.3%	1.9%	11.3%	7.5%	0.0%	0.0%	1.9%	11.3%	5.7%	5.7%
	충청권	41.7%	16.7%	0.0%	0.0%	0.0%	8.3%	0.0%	8.3%	25.0%	0.0%	0.0%
	호남 제주권	48.4%	3.2%	0.0%	3.2%	9.7%	0.0%	3.2%	0.0%	29.0%	0.0%	3.2%
	대경 강원권	51.1%	2.1%	0.0%	8.5%	10.6%	2.1%	0.0%	0.0%	19.1%	0.0%	6.4%
	동남권	39.8%	.8%	1.6%	3.3%	11.4%	2.4%	3.3%	4.9%	17.1%	4.9%	10.6%
노회 행정 구역	대도시	42.7%	2.7%	.9%	4.5%	16.4%	3.6%	1.8%	1.8%	14.5%	4.5%	6.4%
	50만 이상 중소도시	42.9%	4.8%	0.0%	7.1%	4.8%	0.0%	2.4%	9.5%	19.0%	2.4%	7.1%
	50만 미만 중소도시	43.3%	6.0%	0.0%	9.0%	7.5%	0.0%	1.5%	1.5%	23.9%	1.5%	6.0%
	농어촌	46.8%	4.3%	4.3%	2.1%	2.1%	2.1%	2.1%	2.1%	17.0%	4.3%	12.8%
총계		43.6%	4.1%	1.1%	5.6%	9.8%	1.9%	1.9%	3.0%	18.0%	3.4%	7.5%

〈표 IV-2〉 교회 개척 사역 중 가장 힘든 점(2순위)

		생활고 및 경제적 요건 (생계 유지)	설교 준비	주일 사역	성도 와의 관계	목회자 자신의 능력 부족	가족 관계	동료 목회자 와의 관계	지역 사회 와의 관계	교회 성장에 대한 부담감	사역에 대한 낙심	그 외 기타
노회 권역	수도권	9.4%	3.8%	5.7%	7.5%	9.4%	1.9%	0.0%	11.3%	30.2%	15.1%	5.7%
	충청권	8.3%	0.0%	0.0%	25.0%	16.7%	8.3%	0.0%	0.0%	25.0%	0.0%	16.7%
	호남 제주권	29.0%	9.7%	0.0%	3.2%	9.7%	3.2%	0.0%	0.0%	29.0%	16.1%	0.0%
	대경 강원권	12.8%	2.1%	2.1%	4.3%	8.5%	4.3%	0.0%	6.4%	34.0%	12.8%	12.8%
	동남권	26.0%	4.1%	2.4%	2.4%	13.0%	1.6%	2.4%	7.3%	22.0%	6.5%	12.2%
노회 행정 구역	대도시	24.5%	6.4%	.9%	3.6%	14.5%	3.6%	0.0%	8.2%	23.6%	8.2%	6.4%
	50만 이상 중소도시	16.7%	0.0%	4.8%	9.5%	7.1%	0.0%	2.4%	7.1%	31.0%	11.9%	9.5%
	50만 미만 중소도시	14.9%	3.0%	4.5%	4.5%	10.4%	1.5%	0.0%	6.0%	35.8%	11.9%	7.5%
	농어촌	19.1%	4.3%	2.1%	4.3%	8.5%	4.3%	4.3%	4.3%	17.0%	10.6%	21.3%
총계		19.9%	4.1%	2.6%	4.9%	11.3%	2.6%	1.1%	6.8%	26.7%	10.2%	9.8%

2. 개척재정 규모와 조달 방법

가. 개척재정 규모와 조달 방법

개척재정 규모와 조달 방법을 조사한 결과는 다음과 같다.

첫째, 개척 목회자 자비 부담금은 평균 4,110.4만 원으로 나타났다. 노회권역별로 살펴보면, 충청권이 7,033.3만 원으로 가장 많았고, 동남권이 3,890.2만 원으로 가장 적었다. 노회 행정구역별로 살펴보면, 농어촌이 5,385.1만 원으로 가장 많았고, 대도시가 3,500.9만 원으로 가장 적었다.

둘째, 개척 멤버와 초기 교인의 부담금은 평균 1,492.6만 원으로 나타났다. 노회권역별로 살펴보면, 호남제주권이 1,661.7만 원으로 가장 많았고, 충청권이 1,208.3만 원으로 가장 적었다. 노회 행정구역별로 살펴보면, 50만 이상 중소도시가 2,461.9만 원으로 가장 많았고, 농어촌이 883만 원으로 가장 적었다.

셋째, 모교회의 개척 지원금은 평균 3,223.1만 원으로 나타났다. 노회권역별로 살펴보면, 충청권이 10,916.7만 원으로 가장 많았고, 동남권이 1,643.1만 원으로 가장 적었다. 노회 행정구역별로 살펴보면, 50만 이상 중소도시가 5,429.8만 원으로 가장 많았고, 대도시가 2,333.5만 원으로 가장 적었다.

넷째, 노회의 개척 지원금은 평균 1,183.1만 원으로 나타났다. 노회권역별로 살펴보면, 대경강원권이 1,813.0만 원으로 가장 많았고, 충청권이 536.7만 원으로 가장 적었다. 노회 행정구역별로 살펴보면, 50만 이상 중소도시가 1,277.8만 원으로 가장 많았고, 농어촌이 893.0만 원으로 가장 적었다.

다섯째, 기타 후원금은 평균 1,949.5만 원으로 나타났다. 노회권역별로 살펴보면, 수도권이 3,488.1만 원으로 가장 많았고, 충청권이 565.0만 원으로 가장 적었다. 노회 행정구역별로 살펴보면, 50만 이상 중소도시가 3,918.8만 원으로 가장 많았고, 대도시가 1,328.8만 원으로 가장 적었다.

개척재정 규모와 조달 방법을 조사한 결과는 〈표 IV-4〉와 같다.

〈표 IV-4〉 개척재정 규모와 조달 방법

단위: 만 원

구분		개척 목회자 자비		개척 멤버와 초기교인		모교회의 개척지원		노회의 개척지원		노회의 개척지원	
		평균	표준편차	평균	표준편차	평균	표준편차	평균	표준편차	평균	표준편차
노회권역	수도권	4544.3	6874.7	1279.2	3489.0	4630.2	11356.8	712.4	2427.1	3488.1	10300.1
	충청권	7033.3	11073.7	1208.3	2250.8	10916.5	19158.2	536.7	828.0	565.0	876.3
	호남제주권	2996.8	3864.2	1661.7	3222.5	3639.7	10282.1	1322.6	4284.2	2097.7	3892.7
	대경강원권	4185.5	5183.8	1585.3	2233.7	3532.1	10071.6	1813.0	6098.0	2647.2	7381.3
	동남권	3890.2	4890.8	1534.2	3886.7	1643.1	4469.0	1173.1	4372.9	1117.7	1977.0
노회행정구역	대도시	3500.9	5075.3	1355.6	3073.6	2333.5	6015.0	1253.2	4801.6	1328.8	2468.7
	50만 이상 중소도시	3763.1	4910.1	2461.9	5025.5	5429.8	12518.9	1172.9	5045.2	3918.8	11466.3
	50만 미만 중소도시	4434.6	5505.6	1537.5	3410.1	3447.5	9742.5	1277.8	3578.9	1623.7	2615.6
	농어촌	5385.1	7575.6	883.0	2009.7	3013.2	10652.6	893.0	3416.3	2107.0	7372.3
총계		4110.4	5685.4	1492.6	3407.9	3223.1	9142.6	1183.1	4319.3	1949.5	5898.5

나. 교회의 교회당 사용권 형태

교회의 교회당 사용권 형태를 조사한 결과, 임대-보증금+월세가 28.9%로 가장 높게 나타났다. 그다음으로 임대-월세(26.3%), 교회명 등기(유지재단 미가입)(24.1%) 등의 순서로 나타났다.

노회권역별로 살펴보면, 수도권은 임대-월세의 비율이 가장 높았으며, 충청권과 호남제주권은 교회명 등기(유지재단 미가입)의 비율이 가장 높았고, 대경강원권과 동남권은 임대-보증금+월세의 비율이 가장 높았다.

노회 행정구역별로 살펴보면, 대도시와 50만 미만 중소도시는 임대-보증금+월세의 비율이 가장 높았으며, 50만 이상 중소도시는 임대-월세의 비율이 가장 높았고, 농어촌은 교회명 등기(유지재단 미가입)의 비율이 가장 높았다.

교회의 교회당 사용권 형태를 조사한 결과는 〈표 IV-5〉와 같다.

〈표 IV-5〉 교회의 교회당 사용권 형태

		총회 유지재단 가입	교회명 등기 (유지재단 미가입)	임대-월세	임대-전세	임대-보증금+월세	임대-무상임대	기타
노회권역	수도권	0.0%	22.6%	39.6%	1.9%	26.4%	3.8%	5.7%
	충청권	16.7%	33.3%	16.7%	0.0%	25.0%	0.0%	8.3%
	호남제주권	12.9%	41.9%	19.4%	0.0%	12.9%	0.0%	12.9%
	대경강원권	12.8%	19.1%	25.5%	0.0%	31.9%	4.3%	6.4%
	동남권	8.1%	21.1%	23.6%	4.1%	33.3%	4.1%	5.7%
노회 행정구역	대도시	7.3%	14.5%	30.9%	3.6%	34.5%	4.5%	4.5%
	50만 이상 중소도시	4.8%	33.3%	35.7%	0.0%	19.0%	0.0%	7.1%
	50만 미만 중소도시	10.4%	26.9%	22.4%	0.0%	29.9%	4.5%	6.0%
	농어촌	10.6%	34.0%	12.8%	4.3%	23.4%	2.1%	12.8%
총계		8.3%	24.1%	26.3%	2.3%	28.9%	3.4%	6.8%

3. 교회의 특성

가. 특성별 교인 수

교회의 교인 특성별 인원을 조사한 결과는 다음과 같다.

첫째, 입교세례자 수는 평균 21.3명으로 나타났다. 노회권역별로 살펴보면, 수도권이 26.6명으로 가장 많았고, 호남제주권이 15.4명으로 가장 적었다. 노회 행정구역별로 살펴보면, 50만 이상 중소도시가 26.2명으로 가장 많았고, 농어촌이 17.3명으로 가장 적었다.

둘째, 학습교인 수는 평균 2.4명으로 나타났다. 노회권역별로 살펴보면, 수도권이 3.0명으로 가장 많았고, 대경강원권이 2.1명으로 가장 적었다. 노회 행정구역별로 살펴보면, 50만 이상 중소도시가 3.5명으로 가장 많았고, 대도시가 2.0명으로 가장 적었다.

셋째, 입교 전 세례자 수는 평균 7.7명으로 나타났다. 노회권역별로 살펴보면, 수도권이 10.4명으로 가장 많았고, 호남제주권이 5.6명으로 가장 적었다. 노회 행정구역별로 살펴보면, 50만 이상 중소도시가 8.8명으로 가장 많았고, 대도시가 7.0명으로 가장 적었다.

교회의 교인 특성별 인원을 조사한 결과는 〈표 IV-6〉과 같다.

〈표 IV-6〉 특성별 교인 수

단위: 명

구분		입교세례자 수		학습교인 수		입교 전 세례자 수	
		평균	표준편차	평균	표준편차	평균	표준편차
노회권역	수도권	26.6	29.0	3.0	6.3	10.4	13.3
	충청권	25.0	23.8	2.8	3.3	5.8	11.4
	호남제주권	15.4	13.7	2.6	4.4	5.6	6.8
	대경강원권	19.6	15.0	2.1	3.5	7.4	8.7
	동남권	20.8	23.3	2.2	3.3	7.3	9.4

노회행정구역	대도시	20.5	20.9	2.0	3.5	7.0	9.5
	50만 이상 중소도시	26.2	27.1	3.5	6.9	8.8	11.8
	50만 미만 중소도시	22.4	25.5	2.1	3.2	8.0	11.0
	농어촌	17.3	16.4	2.9	3.8	7.9	8.5
총계		21.3	22.5	2.4	4.2	7.7	10.1

나. 주일예배 참석자

주일예배 참석자를 조사한 결과, 목회자 가족 외 10명 이내가 30.1%로 가장 비율이 높았으며, 다음으로 목회자 가족 외 20명 이내(29.7%), 목회자 가족 외 30명 이내(16.5%), 목회자 가족 외 50명 이내(12.6%) 등의 순으로 나타났다.

노회권역별로 살펴보면, 수도권과 대경강원권은 목회자 가족 외 10명 이내의 비율이 가장 높았으며, 충청권과 호남제주권, 동남권은 목회자 가족 외 20명 이내의 비율이 가장 높았다.

노회 행정구역별로 살펴보면, 대도시는 목회자 가족 외 10명 이내와 목회자 가족 외 20명 이내의 비율이 가장 높았으며, 50만 이상 중소도시와 50만 미만 중소도시는 목회자 가족 외 10명 이내의 비율이 가장 높았고, 농어촌은 목회자 가족 외 20명 이내 비율이 가장 높았다.

목회자 가족의 비율이 가장 높은 곳은 호남제주권(9.7%)과 대도시(5.5%)로 나타났다.

주일예배 참석자를 조사한 결과는 〈표 IV-7〉과 같다.

〈표 IV-7〉 주일예배 참석자

		목회자 가족	목회자 가족 외 10명 이내	목회자 가족 외 20명 이내	목회자 가족 외 30명 이내	목회자 가족 외 50명 이내	목회자 가족 외 50명 이상
노회 권역	수도권	3.8%	37.7%	20.8%	7.5%	15.1%	15.1%
	충청권	0.0%	25.0%	41.7%	8.3%	8.3%	16.7%
	호남 제주권	9.7%	25.8%	38.7%	22.6%	0.0%	3.2%
	대경 강원권	0.0%	31.9%	27.7%	21.3%	14.9%	4.3%
	동남권	3.3%	27.6%	30.9%	17.9%	13.0%	7.3%
노회 행정 구역	대도시	5.5%	30.0%	30.0%	14.5%	12.7%	7.3%
	50만 이상 중소도시	0.0%	31.0%	28.6%	16.7%	11.9%	11.9%
	50만 미만 중소도시	4.5%	31.3%	29.9%	13.4%	11.9%	9.0%
	농어촌	0.0%	27.7%	29.8%	25.5%	10.6%	6.4%
총계		3.4%	30.1%	29.7%	16.5%	12.0%	8.3%

다. 교회 개척 연수 및 교회설립 인준 소요 기간

교회 개척 연수 및 교회설립 인준 소요 기간을 조사한 결과는 다음과 같다.

첫째, 교회 개척 연수는 평균 8.7년으로 나타났다. 노회권역별로 살펴보면, 대경강원권이 9.6년으로 가장 길었고, 동남권이 8.1년으로 가장 짧았다. 노회 행정구역별로 살펴보면, 농어촌이 9.9년으로 가장 길었고, 50만 미만 중소도시가 8.2년으로 가장 짧았다.

둘째, 교회설립 인준 소요 기간은 평균 2.3년으로 나타났다. 노회권역별로 살펴보면, 대경강원권이 3.2년으로 가장 길었고, 수도권이 1.6년으로 가장 짧았다. 노회 행정구역별로 살펴보면, 50만 미만 중소도시가 2.6년으로 가장 길었고, 농어촌이 2.0년으로 가장 짧았다.

교회 개척 연수 및 교회설립 인준 소요 기간을 조사한 결과는 〈표 IV-8〉과 같다.

〈표 IV-8〉 교회 개척 연수 및 교회설립 인준 소요 기간

단위: 년

구분		교회 개척 연수		교회설립 인준 소요 기간	
		평균	표준편차	평균	표준편차
노회 권역	수도권	9.1	4.6	1.6	1.2
	충청권	9.2	4.7	2.1	2.9
	호남 제주권	8.9	4.0	2.9	2.7
	대경 강원권	9.6	5.2	3.2	3.1
	동남권	8.1	5.5	2.1	2.1
노회 행정 구역	대도시	8.4	4.3	2.2	2.4
	50만 이상 중소도시	8.9	5.4	2.4	2.4
	50만 미만 중소도시	8.2	4.1	2.6	2.6
	농어촌	9.9	7.3	2.0	2.0
총계		8.7	5.1	2.3	2.4

라. 교회 개척 후 성도 수 변화

교회 개척 후 성도 수 변화를 조사한 결과는 다음과 같다.

첫째, 개척 후 교회에 새로 등록한 교인 수는 평균 29.1명으로 나타났다. 노회권역별로 살펴보면, 충청권이 39.0명으로 가장 많았고, 호남제주권이 22.6명으로 가장 적었다. 노회 행정구역별로 살펴보면, 50만 이상 중소도시가 34.8명으로 가장 많았고, 농어촌이 26.2명으로 가장 적었다.

둘째, 처음으로 예수님을 믿고 교회에 출석한 새신자 수는 평균 10.3명으로 나타났다. 노회권역별로 살펴보면, 대경강원권이 11.1명으로 가장 많았고, 충청권과 호남제주권이 8.4명으로 가장 적었다. 노회 행정구역별로 살펴보면, 농어촌이 11.6명로 가장 많았고, 50만 이상 중소도시가 9.7명으로 가장 적었다.

셋째, 다른 교회로 옮긴 성도 수는 평균 14.3명으로 나타났다. 노회권역별로 살펴보면, 충청권이 19.3명으로 가장 많았고, 호남제주권과 대경강원권이 12.7명으로 가장 적었다. 노회 행정구역별로 살펴보면, 대도시가 15.7명으로 가장 많았고, 농어촌이 8.8명으로 가장 적었다.

교회 개척 후 성도 수 변화를 조사한 결과는 〈표 IV-9〉와 같다.

〈표 IV-9〉 교회 개척 후 성도 수 변화

단위: 명

구분		교회에 새로 등록한 교인 수		처음으로 예수님을 믿고 교회에 출석한 새신자 수		다른 교회로 옮긴 성도 수	
		평균	표준편차	평균	표준편차	평균	표준편차
노회권역	수도권	36.1	37.8	9.9	12.9	15.6	13.7
	충청권	39.0	26.2	8.4	6.0	19.3	14.1
	호남제주권	22.6	25.8	8.4	8.4	12.7	14.2
	대경강원권	28.4	20.3	11.1	13.1	12.7	10.2
	동남권	27.1	35.8	10.8	15.5	14.3	19.0
노회행정구역	대도시	27.8	36.3	10.1	15.7	15.7	18.5
	50만 이상 중소도시	34.8	36.8	9.7	11.3	15.1	15.9
	50만 미만 중소도시	29.8	30.2	10.1	12.4	15.4	15.1
	농어촌	26.2	21.4	11.6	11.7	8.8	8.0
총계		29.1	32.6	10.3	13.6	14.3	16.0

마. 교회 개척 후 세례, 학습, 입교 성도 수

교회 개척 후 세례, 학습, 입교 성도 수를 조사한 결과는 다음과 같다.

첫째, 교회 개척 후 세례를 받은 성도 수는 평균 8.5명으로 나타났다. 노회

권역별로 살펴보면, 충청권이 9.1명으로 가장 많았고, 호남제주권이 7.2명으로 가장 적었다. 노회 행정구역별로 살펴보면, 50만 이상 중소도시가 9.6명으로 가장 많았고, 50만 미만 중소도시가 8.5명으로 가장 적었다.

둘째, 개척 후 학습 받은 성도 수는 평균 6.4명으로 나타났다. 노회권역별로 살펴보면, 충청권이 7.6명으로 가장 많았고, 호남제주권이 5.4명으로 가장 적었다. 노회 행정구역별로 살펴보면, 농어촌이 7.9명으로 가장 많았고, 50만 미만 중소도시가 5.5명으로 가장 적었다.

셋째, 개척 후 입교 성도 수는 평균 5.2명으로 나타났다. 노회권역별로 살펴보면, 충청권이 8.6명으로 가장 많았고, 호남제주권이 5.8명으로 가장 적었다. 노회 행정구역별로 살펴보면, 50만 이상 중소도시가 6.5명으로 가장 많았고, 대도시가 4.5명으로 가장 적었다.

교회 개척 후 세례, 학습, 입교 성도 수를 조사한 결과는 〈표 IV-10〉과 같다.

〈표 IV-10〉 교회 개척 후 세례, 학습, 입교 성도 수

단위: 명

구분		세례를 받은 성도		학습을 받은 성도		입교한 성도	
		평균	표준편차	평균	표준편차	평균	표준편차
노회권역	수도권	8.1	10.5	5.6	7.2	4.3	8.0
	충청권	9.1	13.6	7.6	8.8	8.6	16.7
	호남제주권	7.2	7.1	5.4	6.9	5.8	6.4
	대경강원권	8.6	12.8	6.8	13.4	4.8	8.7
	동남권	8.9	17.6	6.7	12.7	5.3	9.6
노회행정구역	대도시	8.6	18.7	6.4	13.7	4.5	9.2
	50만 이상 중소도시	9.6	12.7	6.0	7.5	6.5	10.7
	50만 미만 중소도시	7.6	9.4	5.5	8.8	4.7	6.8
	농어촌	8.5	9.6	7.9	10.5	6.4	10.6
총계		8.5	14.4	6.4	11.2	5.2	9.2

바. 교회의 재정 자립 여부 및 부채 여부

교회의 재정 자립 여부 및 부채 여부를 조사한 결과는 다음과 같다.

첫째, 교회의 재정 자립 여부를 살펴보면 개척교회의 73.3%는 아직 재정 미자립 상태인 것으로 나타났다. 노회권역별로 살펴보면, 호남제주권의 재정 미자립 비율이 87.1%로 가장 높았으며, 수도권의 재정 미자립 비율은 66.0%로 가장 낮았다. 노회 행정구역별로 살펴보면, 50만 미만 중소도시의 재정 미자립 비율이 82.1%로 가장 높았으며, 50만 이상 중소도시의 재정 미자립 비율은 64.3%로 가장 낮았다.

둘째, 교회의 부채 여부를 살펴보면, 개척교회의 50.4%는 아직 부채가 있는 것으로 나타났다. 노회권역별로 살펴보면, 대경강원권의 부채가 있다는 비율이 55.3%로 가장 높았으며, 호남제주권의 부채가 있다는 비율은 51.6%로 가장 낮았다. 노회 행정구역별로 살펴보면, 50만 미만 중소도시의 부채가 있다는 비율이 59.5%로 가장 높았으며, 대도시의 부채가 있다는 비율은 46.4%로 가장 낮았다.

교회의 재정 자립 여부 및 부채 여부를 조사한 결과는 〈표 IV-11〉과 같다.

〈표 IV-11〉 교회의 재정 자립 여부 및 부채 여부

구분		재정 자립 여부		부채 여부	
		재정 자립	재정 미자립	부채 있음	부채 없음
		명(%)	명(%)	명(%)	명(%)
노회 권역	수도권	18(34.0)	35(66.0)	29(54.7)	24(45.3)
	충청권	3(25.0)	9(75.0)	6(50.0)	6(50.0)
	호남 제주권	4(12.9)	27(87.1)	16(51.6)	15(48.4)
	대경 강원권	12(25.5)	35(74.5)	21(44.7)	26(55.3)
	동남권	34(27.6)	89(72.4)	60(48.8)	63(51.2)

노회 행정 구역	대도시	30(27.3)	80(72.7)	51(46.4)	59(53.6)
	50만 이상 중소도시	15(35.7)	27(64.3)	25(59.5)	17(40.5)
	50만 미만 중소도시	12(17.9)	55(82.1)	34(50.7)	33(49.3)
	농어촌	14(29.8)	33(70.2)	22(46.8)	25(53.2)
총계		71(26.7)	195(73.3)	132(49.6)	134(50.4)

사. 교회의 부채 총액 및 월 이자

교회의 부채 총액 및 월 지불 이자를 조사한 결과는 다음과 같다.

첫째, 개척교회의 부채 총액은 평균 12,000.4만 원으로 나타났다. 노회권역별로 살펴보면, 수도권의 부채가 25,892.5만 원으로 가장 많았으며, 동남권의 부채는 7,561.0만 원으로 가장 적었다. 노회 행정구역별로 살펴보면, 50만 이상 중소도시의 부채가 27,504.8만 원으로 가장 많았으며, 농어촌의 부채는 7,419.1만 원으로 가장 적었다.

둘째, 매월 지불하는 이자 금액은 평균 55.1만 원으로 나타났다. 노회권역별로 살펴보면, 충청권의 매월 지불하는 이자 금액은 154.0만 원으로 가장 많았으며, 동남권은 42.6만 원으로 가장 적었다. 노회 행정구역별로 살펴보면, 50만 미만 중소도시의 매월 지불하는 이자 금액은 71.2만 원으로 가장 많았으며, 농어촌은 55.1만 원으로 가장 적었다.

교회의 부채 총액 및 월 지불 이자를 조사한 결과는 〈표 IV-12〉와 같다.

〈표 IV-12〉 교회의 부채 총액 및 월 지불 이자

단위: 만 원

구분		부채 총액		월 지불 이자	
		평균	표준편차	평균	표준편차
노회 권역	수도권	25892.5	100054.8	74.1	151.3
	충청권	16083.3	29509.5	154.0	252.5
	호남 제주권	9003.2	14314.2	49.9	79.3
	대경 강원권	8887.2	16939.1	44.2	77.4
	동남권	7561.0	14811.3	42.6	83.1
노회 행정 구역	대도시	7556.4	16537.0	42.8	87.3
	50만 이상 중소도시	27504.8	107624.3	68.5	102.9
	50만 미만 중소도시	12791.0	31149.2	71.2	147.9
	농어촌	7419.1	13021.0	48.8	115.1
총계		12000.4	47178.7	55.1	112.6

아. 매월 교회의 자체 수입액

매월 교회의 자체 수입액을 조사한 결과, 100만 원 이하가 27.4%로 가장 비율이 높았으며, 다음으로 201~400만 원(25.2%), 101~200만 원(20.7%), 501만 원 이상(16.5%), 401~500만 원(10.2%) 순으로 나타났다.

노회권역별로 살펴보면, 수도권과 호남제주권은 100만 원 이하의 비율이 가장 높았으며, 대경강원권과 동남권은 201~400만 원의 비율이 가장 높았고, 충청권은 501만 원 이상의 비율이 가장 높았다.

노회 행정구역별로 살펴보면, 대도시는 100만 원 이하의 비율이 가장 높았고, 50만 이상 중소도시는 501만 원 이상의 비율이 가장 높았으며, 50만 미만 중소도시는 101~200만 원의 비율이 가장 높았고, 농어촌은 201~400만 원의 비율이 가장 높았다.

매월 교회의 자체 수입액을 조사한 결과는 〈표 IV-13〉과 같다.

〈표 IV-13〉 매월 교회의 자체 수입액

		100만 원 이하	101~200만 원	201~400만 원	401~500만 원	501만 원 이상
노회 권역	수도권	32.1%	22.6%	17.0%	1.9%	26.4%
	충청권	25.0%	16.7%	25.0%	0.0%	33.3%
	호남 제주권	38.7%	32.3%	16.1%	6.5%	6.5%
	대경 강원권	25.5%	21.3%	29.8%	12.8%	10.6%
	동남권	23.6%	17.1%	29.3%	14.6%	15.4%
노회 행정 구역	대도시	31.8%	13.6%	25.5%	15.5%	13.6%
	50만 이상 중소도시	19.0%	21.4%	26.2%	4.8%	28.6%
	50만 미만 중소도시	26.9%	29.9%	20.9%	3.0%	19.4%
	농어촌	25.5%	23.4%	29.8%	12.8%	8.5%
총계		27.4%	20.7%	25.2%	10.2%	16.5%

자. 월간 교회 밖의 후원금

월간 교회 밖의 후원금을 조사한 결과, 50만 원 이하가 47.0%로 가장 비율이 높았으며, 다음으로 51~100만 원(23.7%), 101~150만 원(15.4%), 201만 원 이상(7.1%), 151~200만 원(6.8%) 순으로 나타났다.

노회권역별로 살펴보면, 충청권은 51~100만 원의 비율이 가장 높았으며, 그 외 권역은 모두 50만 원 이하의 비율이 가장 높았다.

노회 행정구역별로 살펴보면, 모든 구역에서 50만 원 이하의 비율이 가장 높았다.

월간 교회 밖의 후원금을 조사한 결과는 〈표 IV-14〉와 같다.

〈표 IV-14〉 월간 교회 밖의 후원금

		50만 원 이하	51~100만 원	101~150만 원	151~200만 원	201만 원 이상
노회 권역	수도권	49.1%	26.4%	7.5%	7.5%	9.4%
	충청권	41.7%	50.0%	8.3%	0.0%	0.0%
	호남 제주권	51.6%	16.1%	16.1%	6.5%	9.7%
	대경 강원권	44.7%	23.4%	17.0%	10.6%	4.3%
	동남권	46.3%	22.0%	18.7%	5.7%	7.3%
노회 행정 구역	대도시	44.5%	23.6%	18.2%	6.4%	7.3%
	50만 이상 중소도시	57.1%	23.8%	9.5%	0.0%	9.5%
	50만 미만 중소도시	37.3%	25.4%	16.4%	13.4%	7.5%
	농어촌	57.4%	21.3%	12.8%	4.3%	4.3%
총계		47.0%	23.7%	15.4%	6.8%	7.1%

차. 월간 목회자 사례비

월간 목회자 사례비를 조사한 결과, 201만 원 이상이 24.1%로 가장 비율이 높았으며, 다음으로 50만 원 이하(21.8%), 101~150만 원(21.4%), 51~100만 원(17.3%), 151~200만 원(15.4%) 순으로 나타났다.

노회권역별로 살펴보면, 수도권과 동남권은 201만 원 이상의 비율이 가장 높았으며, 충청권은 51~100만 원의 비율이 가장 높았고, 호남제주권은 101~150만 원의 비율이 가장 높았으며, 대경강원권은 151~200만 원의 비율이 가장 높았다.

노회 행정구역별로 살펴보면, 대도시와 50만 이상 중소도시는 201만 원 이상의 비율이 가장 높았으며, 50만 미만 중소도시는 101~150만 원의 비율이 가장 높았고, 농어촌은 51~100만 원의 비율이 가장 높았다.

월간 목회자 사례비를 조사한 결과는 〈표 IV-15〉와 같다.

〈표 IV-15〉 월간 목회자 사례비

		50만 원 이하	51~100만 원	101~150만 원	151~200만 원	201만 원 이상
노회 권역	수도권	30.2%	13.2%	15.1%	11.3%	30.2%
	충청권	16.7%	41.7%	8.3%	8.3%	25.0%
	호남 제주권	32.3%	16.1%	35.5%	6.5%	9.7%
	대경 강원권	21.3%	17.0%	23.4%	25.5%	12.8%
	동남권	16.3%	17.1%	21.1%	16.3%	29.3%
노회 행정 구역	대도시	26.4%	11.8%	19.1%	15.5%	27.3%
	50만 이상 중소도시	19.0%	19.0%	21.4%	2.4%	38.1%
	50만 미만 중소도시	17.9%	19.4%	25.4%	19.4%	17.9%
	농어촌	19.1%	25.5%	21.3%	21.3%	12.8%
총계		21.8%	17.3%	21.4%	15.4%	24.1%

카. 교회 재정 중 교인의 헌금 비율

교회 재정 중 교인의 헌금 비율을 조사한 결과, 교회 재정 중 교인의 헌금 비율이 70~99%인 교회가 28.9%로 가장 비율이 높았다. 다음으로 29% 미만 (22.9%), 100%(19.9%), 50~69%(15.4%), 30~49%(12.8%) 순으로 나타났다.

노회권역별로 살펴보면, 충청권과 대경강원권, 동남권은 교회 재정 중 교인의 헌금 비율이 70~99%가 가장 높은 비율로 나타났고, 수도권과 호남제주권은 교회 재정 중 교인의 헌금 비율이 29% 미만이 가장 높은 비율로 나타났다.

노회 행정구역별로 살펴보면, 대도시와 50만 이상 중소도시, 농어촌은 교회 재정 중 교인의 헌금 비율이 70~99%가 가장 높은 비율로 나타났고, 50만 미만 중소도시는 교회 재정 중 교인의 헌금 비율이 29% 미만이 가장 높은 비율로 나타났다.

교회 재정 중 교인의 헌금 비율을 조사한 결과는 〈표 IV-16〉과 같다.

〈표 IV-16〉 교회 재정 중 교인의 헌금 비율

		29% 미만	30~49%	50~69%	70~99%	100%
노회 권역	수도권	28.3%	17.0%	9.4%	18.9%	26.4%
	충청권	16.7%	8.3%	25.0%	33.3%	16.7%
	호남 제주권	32.3%	16.1%	25.8%	19.4%	6.5%
	대경 강원권	19.1%	10.6%	17.0%	34.0%	19.1%
	동남권	20.3%	11.4%	13.8%	33.3%	21.1%
노회 행정 구역	대도시	23.6%	10.9%	16.4%	30.9%	18.2%
	50만 이상 중소도시	11.9%	11.9%	19.0%	35.7%	21.4%
	50만 미만 중소도시	28.4%	19.4%	16.4%	16.4%	19.4%
	농어촌	23.4%	8.5%	8.5%	36.2%	23.4%
총계		22.9%	12.8%	15.4%	28.9%	19.9%

타. 주위에 있는 교회 수

현재 개척교회 주위에 있는 교회 수를 조사한 결과는 다음과 같다.

첫째, 반경 500m 내에 있는 고신교단의 교회 수는 평균 0.8개로 나타났다. 노회권역별로 살펴보면, 동남권이 1.3개로 가장 많았고, 호남제주권과 대경강원권이 0.4개로 가장 적었다. 노회 행정구역별로 살펴보면, 대도시가 1.2개로 가장 많았고, 50만 미만 중소도시가 0.4개로 가장 적었다.

둘째, 반경 500m 내에 있는 타교단의 교회 수는 평균 5.7개로 나타났다. 노회권역별로 살펴보면, 수도권이 8.8개로 가장 많았고, 동남권이 4.0개로 가장 적었다. 노회 행정구역별로 살펴보면, 50만 이상 중소도시가 8.0개로 가장 많았고, 농어촌이 2.4개로 가장 적었다.

셋째, 반경 500~1,000m 내에 있는 고신교단의 교회 수는 평균 1.9개로 나타났다. 노회권역별로 살펴보면, 동남권이 3.0개로 가장 많았고, 충청권이

0.5개로 가장 적었다. 노회 행정구역별로 살펴보면, 농어촌이 3.4개로 가장 많았고, 50만 미만 중소도시가 1.0개로 가장 적었다.

넷째, 반경 500~1,000m 내에 있는 타교단의 교회 수는 평균 12.2개로 나타났다. 노회권역별로 살펴보면, 호남제주권이 17.1개로 가장 많았고, 대경강원권이 9.9개로 가장 적었다. 노회 행정구역별로 살펴보면, 50만 이상 중소도시가 19.8개로 가장 많았고, 농어촌이 9.6개로 가장 적었다.

〈표 IV-17〉 주위에 있는 교회 수

단위: 개

구분		반경 500m 내에 교회 수				반경 500m-1,000m에 교회 수			
		고신교단		타교단		고신교단		타교단	
		평균	표준편차	평균	표준편차	평균	표준편차	평균	표준편차
노회권역	수도권	0.5	0.9	8.8	10.0	0.8	1.1	15.6	17.6
	충청권	0.7	1.4	6.8	8.6	0.5	.5	11.3	13.1
	호남제주권	0.4	0.7	7.9	9.0	1.3	2.3	17.1	27.5
	대경강원권	0.4	0.6	4.9	4.7	0.9	1.4	9.9	15.7
	동남권	1.3	1.5	4.0	4.4	3.0	9.1	10.5	22.2
노회행정구역	대도시	1.2	1.5	6.2	7.4	1.9	2.0	9.9	11.4
	50만 이상 중소도시	0.7	1.1	8.0	9.6	1.5	2.3	19.8	24.2
	50만 미만 중소도시	0.4	0.7	5.7	5.3	1.0	1.5	13.0	22.0
	농어촌	0.7	1.2	2.4	2.8	3.4	14.5	9.6	29.6
총계		0.8	1.3	5.7	7.0	1.9	6.4	12.2	20.7

파. 교회 예배 장소의 건물 형태

교회 예배 장소의 건물 형태를 조사한 결과, 상가 건물 공간(지하공간 포함)이

26.7%로 가장 비율이 높았으며, 다음으로 단독 교회 건물(26.7%), 기타(4.5%), 가정집(2.6%), 업무 빌딩 공간(지하공간 포함)(1.5%) 등의 순으로 나타났다.

노회권역별로 살펴보면, 모든 권역에서 상가 건물 공간(지하공간 포함)의 비율이 가장 높은 것으로 나타났다.

노회 행정구엽별로 살펴보면, 대도시와 50만 이상 중소도시, 50만 이하 중소도시는 상가 건물 공간(지하공간 포함)의 비율이 가장 높았으며, 농어촌은 단독 교회건물의 비율이 가장 높은 것으로 나타났다.

교회 예배 장소의 건물 형태를 조사한 결과는 〈표 IV-18〉과 같다.

〈표 IV-18〉 교회 예배 장소의 건물 형태

		단독 교회 건물	업무 빌딩 공간(지하공간 포함)	상가 건물 공간(지하공간 포함)	가정집	학교 등의 공공시설	기타
노회권역	수도권	7.5%	3.8%	77.4%	1.9%	1.9%	7.5%
	충청권	33.3%	0.0%	66.7%	0.0%	0.0%	0.0%
	호남제주권	41.9%	3.2%	48.4%	0.0%	0.0%	6.5%
	대경강원권	36.2%	0.0%	59.6%	2.1%	0.0%	2.1%
	동남권	26.8%	.8%	64.2%	4.1%	0.0%	4.1%
노회행정구역	대도시	14.5%	1.8%	75.5%	5.5%	.9%	1.8%
	50만 이상 중소도시	23.8%	2.4%	69.0%	2.4%	0.0%	2.4%
	50만 미만 중소도시	26.9%	1.5%	65.7%	0.0%	0.0%	6.0%
	농어촌	57.4%	0.0%	31.9%	0.0%	0.0%	10.6%
총계		26.7%	1.5%	64.3%	2.6%	.4%	4.5%

하. 목회자 거주 주택의 소유 형태

목회자 거주 주택의 소유 형태를 조사한 결과, 월세(보증금 포함)가 32.7%

로 비율이 가장 높았으며, 다음으로 자기집(32.0%), 전세(18.4%), 무상임대(9.0%), 기타(7.9%) 순으로 나타났다.

노회권역별로 살펴보면, 수도권과 대경강원권은 월세(보증금 포함)의 비율이 가장 높았으며, 충청권과 호남제주권, 동남권은 자기집의 비율이 가장 높았다.

노회 행정구역별로 살펴보면, 대도시와 농어촌은 월세(보증금 포함)의 비율이 가장 높았으며, 50만 이상 중소도시와 50만 미만 중소도시는 자기집의 비율이 가장 높았다.

목회자 거주 주택의 소유 형태를 조사한 결과는 〈표 IV-19〉와 같다.

〈표 IV-19〉 목회자 거주 주택의 소유 형태

		자기집	전세	월세 (보증금 포함)	무상임대	기타
노회 권역	수도권	20.8%	28.3%	35.8%	9.4%	5.7%
	충청권	50.0%	8.3%	33.3%	8.3%	0.0%
	호남 제주권	41.9%	9.7%	29.0%	6.5%	12.9%
	대경 강원권	34.0%	10.6%	36.2%	10.6%	8.5%
	동남권	31.7%	20.3%	30.9%	8.9%	8.1%
노회 행정 구역	대도시	27.3%	22.7%	38.2%	7.3%	4.5%
	50만 이상 중소도시	35.7%	28.6%	23.8%	9.5%	2.4%
	50만 미만 중소도시	35.8%	14.9%	28.4%	9.0%	11.9%
	농어촌	34.0%	4.3%	34.0%	12.8%	14.9%
총계		32.0%	18.4%	32.7%	9.0%	7.9%

4. 목회 사역

가. 교회 운영 프로그램 분야별 중점 정도

교회 운영 프로그램 분야별 중점 정도를 조사한 결과, 예배활동이 4.5점으로 가장 높은 점수를 보여 예배활동에 가장 중점을 두는 것으로 나타났다. 다음으로 성경공부, 교리공부 활동과 교제활동이 3.8점이었고, 전도활동이 3.5점, 소그룹활동이 3.3점, 봉사활동과 교회학교 활동이 3.2점으로 나타났다.

노회권역별로 살펴보면, 모든 권역에서 예배활동에 가장 중점을 두는 것으로 나타났다.

노회 행정구역별로 살펴보면, 모든 권역에서 예배활동에 가장 중점을 두는 것으로 나타났다.

교회 운영 프로그램 분야별 중점 정도를 조사한 결과는 〈표 IV-20〉과 같다.

〈표 IV-20〉 교회 운영 프로그램 분야별 중점 정도

단위: 점(5점 척도)

		예배활동	성경공부, 교리공부 활동	전도활동	봉사활동	교제활동	교회학교 활동	소그룹 활동
노회 권역	수도권	4.5	4.1	3.5	3.3	3.8	3.6	3.8
	충청권	4.6	4.0	3.7	3.1	3.8	3.4	3.8
	호남 제주권	4.3	3.5	3.5	2.9	3.6	2.9	3.1
	대경 강원권	4.5	3.9	3.4	3.0	3.7	2.9	3.2
	동남권	4.6	3.8	3.5	3.2	3.8	3.3	3.2
노회 행정 구역	대도시	4.5	3.9	3.4	3.1	3.8	3.3	3.5
	50만 이상 중소도시	4.6	3.7	3.6	3.3	3.8	3.4	3.3
	50만 미만 중소도시	4.5	3.9	3.5	3.0	3.7	3.0	3.3
	농어촌	4.4	3.9	3.4	3.4	3.7	3.3	3.1
총계		4.5	3.8	3.5	3.2	3.8	3.2	3.3

나. 지난 1년간 사역과 관련된 활동 도움 여부

지난 1년간 사역과 관련된 활동 도움 여부를 조사한 결과, 전반적으로 점수가 3점 미만으로 나타나 도움이 크지 않은 것으로 나타났다.

그 중 사역관련 책, 잡지, 논문 읽음이 3.0점으로 보통 수준의 도움이 된 것으로 나타났고, 다음으로 사역관련 지역 단위 노회 활동과 사역관련 현장방문이 2.7점으로 나타났다.

노회권역별로 살펴보면, 수도권, 충청권, 대경강원권, 동남권은 사역관련 책, 잡지, 논문 읽음이 가장 큰 도움이 된 것으로 나타났으며, 호남제주권은 사역관련 지역 단위 노회 활동이 가장 큰 도움이 된 것으로 나타났다.

노회 행정구역별로 살펴보면, 모든 권역에서 사역관련 책, 잡지, 논문 읽음이 가장 큰 도움이 된 것으로 나타났다.

지난 1년간 사역과 관련된 활동 도움 여부를 조사한 결과는 〈표 IV-21〉과 같다.

〈표 IV-21〉 지난 1년간 사역과 관련된 활동 도움 여부

단위: 점(5점 척도)

		사역관련 총회 주관 강연이나 세미나	사역관련 지역 단위 노회 활동	사역관련 총회 및 노회의 지도	사역관련 신학교의 강좌 및 재교육	사역관련 강연 및 세미나	사역관련 책, 잡지, 논문 읽음	사역관련 현장방문
노회 권역	수도권	2.5	2.7	2.5	2.7	2.7	3.2	2.8
	충청권	1.9	2.4	2.3	2.4	2.8	2.9	2.6
	호남제주권	2.7	3.0	2.9	2.7	2.7	2.9	2.5
	대경강원권	2.4	2.5	2.3	2.3	2.6	2.9	2.6
	동남권	2.5	2.6	2.5	2.6	2.6	3.0	2.7
노회 행정 구역	대도시	2.4	2.6	2.5	2.5	2.6	3.0	2.7
	50만 이상 중소도시	2.1	2.7	2.5	2.4	2.4	3.1	2.7
	50만 미만 중소도시	2.6	2.7	2.5	2.6	2.9	2.9	2.4
	농어촌	2.6	2.7	2.7	2.7	2.7	2.9	2.9
총계		2.5	2.7	2.5	2.6	2.6	3.0	2.7

나. 목회자의 스트레스 요인

목회자의 스트레스 요인을 조사한 결과, 전반적으로 1점대와 2점대의 비율이 높아 목회자의 스트레스 지수가 높지 않은 것으로 나타났다.

그 중 가장 높은 스트레스 요인은 '교회성장 때문에 나 자신으로부터'(3.0점)로 나타났으며, 다음으로 '교회사역에 대한 부담', '교회 재정', '가정의 경제적인 이유'가 각각 2.8점으로 나타났다.

노회권역별로 살펴보면, 수도권, 호남제주권, 대경강원권, 동남권은 '교회성장 때문에 나 자신으로부터'가 가장 큰 스트레스 요인으로 나타났으며, 충청권은 '교회사역에 대한 부담'이 가장 큰 스트레스 요인으로 나타났다.

노회 행정구역별로 살펴보면, 모든 권역에서 '교회성장 때문에 나 자신으로부터'가 가장 큰 스트레스 요인으로 나타났다.

목회자의 스트레스 요인을 조사한 결과는 〈표 IV-22〉와 같다.

〈표 IV-21〉 지난 1년간 사역과 관련된 활동 도움 여부

		A	B	C	D	E	F	G	H	I	J	K	L	M	N	O	P	Q
노회권역	수도권	2.4	1.9	1.9	1.8	1.6	3.0	2.9	1.6	1.8	1.8	2.2	2.6	2.2	2.5	2.7	1.8	1.6
	충청권	2.6	1.9	1.5	1.8	1.4	2.9	3.1	1.5	1.6	2.1	2.5	2.9	1.8	2.1	2.3	1.3	1.8
	호남제주권	2.5	2.0	1.7	1.8	2.0	3.3	3.0	2.1	2.0	2.0	2.4	3.3	2.5	2.6	3.0	1.9	2.0
	대경강원권	2.4	2.1	1.8	2.0	1.6	3.0	2.9	1.9	1.8	2.0	2.5	3.1	2.1	2.4	3.1	1.7	1.9
	동남권	2.3	1.8	1.5	1.6	1.6	2.9	2.7	1.7	1.8	1.8	2.2	2.7	2.0	2.0	2.7	1.8	1.6
노회행정구역	대도시	2.4	1.9	1.7	1.7	1.6	3.0	2.8	1.8	1.8	1.7	2.4	2.8	2.2	2.5	2.8	1.7	1.7
	50만 이상 중소도시	2.5	2.0	1.8	1.8	1.6	3.0	2.7	1.7	1.8	1.9	2.2	2.8	2.1	2.4	2.8	1.8	1.7
	50만 미만 중소도시	2.3	1.9	1.7	1.8	1.6	3.1	3.1	1.7	1.8	2.0	2.2	2.9	1.8	2.1	2.8	1.6	1.7
	농어촌	2.3	1.9	1.6	1.8	1.6	2.7	2.6	1.7	1.7	2.1	2.2	2.7	2.1	2.0	2.6	1.6	1.7
총계		2.4	1.9	1.7	1.7	1.6	3.0	2.8	1.7	1.8	1.9	2.3	2.8	2.1	2.3	2.8	1.7	1.7

A: 교회성장 때문에 성도들로 부터, B: 성도들과 의견충돌, C: 성도들의 지나친 간섭, D: 성도들과 대화가 안 통함, E: 가족들과 대화가 안 통함, F: 교회성장 때문에 나 자신으로부터, G: 교회사역에 대한 부담, H: 가족으로부터 인정을 받지 못함, I: 동료에 대한 열등감, J: 교회 건축, K: 교회 환경, L: 교회 재정, M: 자녀 교육, N: 향후 진로, O: 가정의 경제적인 이유, P: 동료로부터 인정을 받지 못함, Q: 배우자와의 관계

다. 목회자의 영역별 만족도

목회자의 영역별(일상의 삶, 목회 활동, 개인 경건생활)에 대한 만족도를 조사한 결과는 다음과 같다.

첫째, 목회자의 일상의 삶에 대한 만족도는 평균 3.7점으로 나타나 보통 이상의 수준을 보였다. 노회권역별로 살펴보면, 동남권이 3.8점으로 가장 높았고, 충청권이 3.3점으로 가장 낮았다. 노회 행정구역별로 살펴보면, 대도시와 농어촌이 3.9점으로 가장 높았고, 50만 이상 중소도시가 3.5점으로 가장 낮았다.

둘째, 목회자의 목회 활동 만족도는 평균 3.6점으로 나타나 보통 이상의 수준을 보였다. 노회권역별로 살펴보면, 동남권이 3.7점으로 가장 높았고, 충청권과 호남제주권이 3.3점으로 가장 낮았다. 노회 행정구역별로 살펴보면, 농어촌이 3.8점으로 가장 높았고, 50만 미만 중소도시가 3.4점으로 가장 낮았다.

셋째, 목회자의 개인 경건생활 만족도는 평균 3.5점으로 나타나 보통 이상의 수준을 보였다. 노회권역별로 살펴보면, 수도권과 동남권이 3.5점으로 가장 높았고, 충청권이 3.3점으로 가장 낮았다. 노회 행정구역별로 살펴보면, 대도시와 50만 이상 중소도시가 3.5점으로 가장 높았고, 50만 미만 중소도시와 농어촌이 3.4점으로 가장 낮았다.

목회자의 영역별(일상의 삶, 목회 활동, 개인 경건생활)에 대한 만족도를 조사한 결과는 〈표 IV-23〉과 같다.

〈표 IV-23〉 목회자의 영역별 만족도

단위: 점(5점 척도)

		일상의 삶	목회 활동	개인 경건생활
노회 권역	수도권	3.7	3.6	3.5
	충청권	3.3	3.3	3.3
	호남 제주권	3.6	3.3	3.4
	대경 강원권	3.7	3.6	3.4
	동남권	3.8	3.7	3.5
노회 행정 구역	대도시	3.9	3.7	3.5
	50만 이상 중소도시	3.5	3.6	3.5
	50만 미만 중소도시	3.6	3.4	3.4
	농어촌	3.9	3.8	3.4
총계		3.7	3.6	3.5

라. 아르바이트 경험

개척교회 목회자의 아르바이트 경험을 조사한 결과, '전혀 없다'가 42.9%로 나타나 가장 비율이 높았다. 다음으로 '한 번 이상 있다'가 39.1%, '배우자가 수행하였다'가 18.0%로 나타났다.

노회권역별로 살펴보면, 수도권과 동남권은 '한 번 이상 있다'의 비율이 가장 높았으며, 충청권과 호남제주권, 대경강원권은 '전혀 없다'의 비율이 가장 높았다.

노회 행정구역별로 살펴보면, 대도시는 '한 번 이상 있다'의 비율이 가장 높았으며, 그 외 권역은 '전혀 없다'의 비율이 가장 높았다.

개척교회 목회자의 아르바이트 경험을 조사한 결과는 〈표 IV-24〉와 같다.

마. 아르바이트 일수 및 수입

아르바이트 시간 및 수입을 조사한 결과는 다음과 같다.

첫째, 아르바이트 경험 일수는 평균 2,001.9일로 나타났다. 노회권역별로 살펴보면, 수도권이 8,791.3일로 가장 아르바이트 일수가 많았고, 충청권은 11.2일로 가장 아르바이트 일수가 적었다. 노회 행정구역별로 살펴보면, 50만 미만 중소도시가 6,912.4일로 가장 아르바이트 일수가 많았고, 농어촌은 75.5일로 가장 아르바이트 일수가 적었다.

둘째, 주당 아르바이트 일수는 평균 2.7일로 나타났다. 노회권역별로 살펴보면, 수도권이 3.7일로 가장 주당 아르바이트 일수가 많았고, 대경강원권은 1.7일로 가장 아르바이트 일수가 적었다. 노회 행정구역별로 살펴보면, 대도시와 50만 미만 중소도시가 2.9일로 가장 주당 아르바이트 일수가 많았고, 농어촌은 2.0일로 가장 주당 아르바이트 일수가 적었다.

셋째, 아르바이트를 통한 월수입은 평균 72.8만 원으로 나타났다. 노회권역별로 살펴보면, 수도권이 103.6만 원으로 월수입이 가장 많았고, 대경강원권은 48.4만 원으로 가장 월수입이 적었다. 노회 행정구역별로 살펴보면, 대도시가 81.3만 원으로 가장 월수입이 많았고, 농어촌은 46.6만 원으로 가장 월수입이 적었다.

아르바이트 시간 및 수입을 조사한 결과는 〈표 IV-25〉와 같다.

〈표 IV-25〉 아르바이트 일수 및 수입

구분		아르바이트 경험 일수		주당 아르바이트 일수		월수입(만 원)	
		평균	표준편차	평균	표준편차	평균	표준편차
노회 권역	수도권	8791.3	49949.5	3.7	2.1	103.6	69.9
	충청권	11.2	17.9	2.0	2.6	60.0	76.2
	호남 제주권	1655.8	7491.4	2.6	2.4	79.2	108.8
	대경 강원권	221.7	653.1	1.7	2.1	48.4	80.0
	동남권	165.9	434.0	2.8	2.2	68.3	58.4
노회 행정 구역	대도시	306.0	1215.6	2.9	2.1	81.3	72.2
	50만 이상 중소도시	159.3	365.1	2.7	2.3	69.6	66.1
	50만 미만 중소도시	6912.4	42598.9	2.9	2.4	78.2	88.7
	농어촌	75.5	352.1	2.0	2.4	46.6	59.4
총계		2001.9	22021.3	2.7	2.3	72.8	74.6

5. 개척교회를 위한 지원 요구도

가. 사역 영역 요구도

1) 전체

개척교회를 위한 지원 내용 중 사역 영역에 대한 요구도를 분석하기 위해서 대응표본 t검정을 실시하였다. 현재 선호 수준에서는 설교 전문성의 평균이 가장 높았고, 미래 중요 수준도 설교 전문성의 평균이 가장 높았다. 대응표본 t검정 결과, 10개 분야 중 7개 분야에서 통계적으로 유의미한 차이를 보였다. 본 연구에서 요구는 현재 선호 수준과 미래 중요 수준 간의 차이로 정의되기 때문에 7개 분야에서 갭gap으로써 요구가 존재하였다. 다음으로 Borich의 요구도 값을 산출한 결과 가장 높은 요구도 값은 새 신자 지도 전문성이었으며, 그 다음 순으로 교회학교 운영 전문성, 임직자 지도 전문성, 전도훈련(지도) 전문성 등의 순이었다. 개척교회를 위한 지원 내용 중 사역 영역에 대한 요구도 분석 결과는 〈표 IV-26〉과 같다.

〈표 IV-26〉 사역 영역 요구도(전체)

구분	현재선호도		미래중요도		차이		요구도	순위
	평균	순위	평균	순위	평균	t값		
1. 새 신자지도 전문성	3.67	6	3.83	3	.17	3.901***	0.63	1
2. 임직자 지도 전문성	3.60	9	3.76	8	.16	4.248***	0.59	3
3. 일반성도 지도 전문성	3.79	3	3.82	4	.03	1.039	0.13	10
4. 전도훈련(지도) 전문성	3.69	5	3.82	5	.13	4.394***	0.49	4
5. 기독교교육 전문성(성경교수 등)	3.74	4	3.79	6	.04	1.576	0.16	9

6. 교회학교 운영 전문성	3.61	8	3.77	7	.16	4.129***	0.61	2
7. 소그룹 인도 전문성	3.83	2	3.92	2	.10	3.937***	0.38	6
8. 목회상담 전문성	3.65	7	3.76	8	.11	3.945***	0.41	5
9. 설교 전문성	4.23	1	4.29	1	.06	2.073*	0.24	7
10. 행정 전문성	3.41	10	3.46	10	.05	1.757	0.18	8

$*p<.05, **p<.01, ***p<.001$

다음으로 개척교회를 위한 지원 내용 중 사역 영역을 The Locus for Focus 모델을 활용하여 우선순위를 분석한 결과는 [그림 Ⅳ-1]과 〈표 Ⅳ-27〉과 같다. 개척교회를 위한 지원 내용 중 사역 영역의 미래 중요 수준 평균은 3.72이며, 불일치 수준(미래 중요 수준-현재 선호 수준)의 평균은 0.10로 나타났다. 미래 중요 수준의 평균을 x축으로, 불일치 수준의 평균을 y축으로 하여 사사분면으로 나타냈을 때, 제1사분면의 영역에 속하는 사역 영역들은 목회자들이 중요하게 생각하고 미래 중요 수준과 현재 선호 수준 간의 불일치 수준이 높은 것들로 최우선적으로 요구되는 사역 영역들이다.

분석 결과, 제1사분면에 포함되는 사역 영역은 1.새 신자 지도 전문성이었고, 제2사분면에는 2.임직자 지도 전문성, 4.전도훈련(지도) 전문성, 6.교회학교 운영 전문성, 8.목회상담 전문성이었으며, 제3사분면에는 3.일반성도 지도 전문성, 5.기독교교육 전문성(성경교수 등), 10.행정 전문성이었고, 제4사분면에는 7.소그룹 인도 전문성, 9.설교 전문성이었다.

[그림 IV-1] The Locus for Focus모델을 활용한 사역 영역 우선순위(전체)

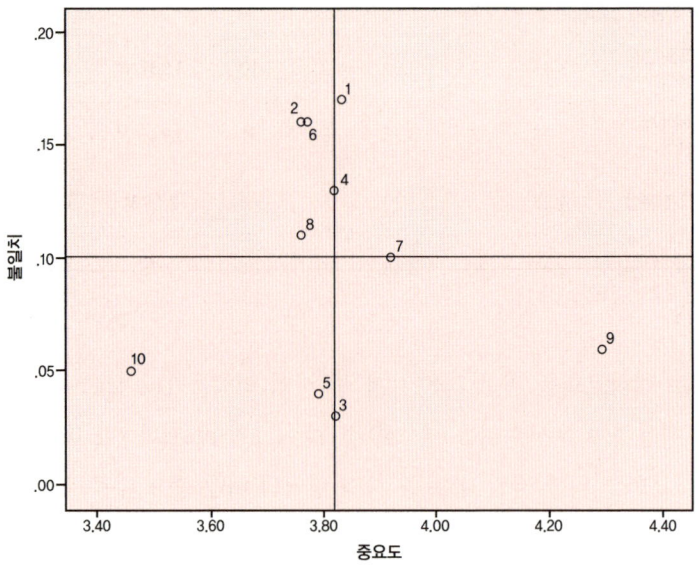

〈표 IV-27〉 The Locus for Focus 모델을 활용한 사역 영역 우선순위(전체)

분면	사역 영역 우선순위
1사분면(고고)	1.새 신자 지도 전문성
2사분면(저고)	2.임직자 지도 전문성, 4.전도훈련(지도) 전문성, 6.교회학교 운영 전문성, 8.목회상담 전문성
3사분면(저저)	3.일반성도 지도 전문성, 5.기독교교육 전문성(성경교수 등), 10.행정 전문성
4사분면(고저)	7.소그룹 인도 전문성, 9.설교 전문성

2) 대도시

개척교회를 위한 지원 내용 중 사역 영역에 대한 대도시 개척교회 목회자의 요구도를 분석하기 위해서 대응표본 t검정을 실시하였다. 현재 선호 수준에서는 설교 전문성의 평균이 가장 높았고, 미래 중요 수준도 설교 전문성의 평균이 가장 높았다. 대응표본 t검정 결과, 10개 분야 중 9개 분야에서 통계적으로 유의미한 차이를 보였다. 본 연구에서 요구는 현재 선호 수준과 미래 중요 수준 간의 차이로 정의되기 때문에 9개 분야에서 갭gap으로써 요구가 존재하였다. 다음으로 Borich의 요구도 값을 산출한 결과 가장 높은 요구도 값은 임직자 지도 전문성이었으며, 그 다음 순으로 새 신자 지도 전문성, 교회학교 운영 전문성, 소그룹 인도 전문성 등의 순이었다. 대도시 개척교회 목회자의 사역 영역에 대한 요구도 분석 결과는 〈표 Ⅳ-28〉과 같다.

〈표 Ⅳ-28〉 사역 영역 요구도(대도시)

구분	현재선호도		미래중요도		차이		요구도	순위
	평균	순위	평균	순위	평균	t값		
1. 새 신자 지도 전문성	3.62	5	3.84	4	.22	2.626**	0.84	2
2. 임직자 지도 전문성	3.53	8	3.77	6	.25	3.714***	0.93	1
3. 일반성도 지도 전문성	3.75	3	3.88	3	.13	2.455*	0.49	7
4. 전도훈련(지도) 전문성	3.61	6	3.75	7	.14	3.117**	0.51	6
5. 기독교교육 전문성(성경교수 등)	3.72	4	3.78	5	.06	2.145*	0.24	10
6. 교회학교 운영 전문성	3.49	9	3.68	9	.19	3.437**	0.70	3
7. 소그룹 인도 전문성	3.88	2	4.03	2	.15	3.274**	0.59	4
8. 목회상담 전문성	3.58	7	3.74	8	.15	3.071**	0.58	5
9. 설교 전문성	4.19	1	4.28	1	.09	2.408*	0.39	8
10. 행정 전문성	3.35	10	3.44	10	.09	1.785	0.31	9

$*p<.05, **p<.01, ***p<.001$

다음으로 개척교회를 위한 지원 내용 중 사역 영역을 The Locus for Focus 모델을 활용하여 우선순위를 분석한 결과는 [그림 IV-2]와 〈표 IV-29〉와 같다. 개척교회를 위한 지원 내용 중 사역 영역의 미래 중요 수준 평균은 3.95이며, 불일치 수준(미래 중요 수준-현재 선호 수준)의 평균은 0.06으로 나타났다. 미래 중요 수준의 평균을 x축으로, 불일치 수준의 평균을 y축으로 하여 사사분면으로 나타냈을 때, 제1사분면의 영역에 속하는 사역 영역들은 대도시 목회자들이 중요하게 생각하고 미래 중요 수준과 현재 선호 수준 간의 불일치 수준이 높은 것들로 최우선적으로 요구되는 사역 영역들이다.

분석 결과, 제1사분면에 포함되는 사역 영역은 1.새 신자 지도 전문성, 7.소그룹 인도 전문성이었고, 제2사분면에는 2.임직자 지도 전문성, 6.교회학교 운영 전문성, 8.목회상담 전문성이었으며, 제3사분면에는 5.기독교교육 전문성(성경교수 등), 4.전도훈련(지도) 전문성, 10.행정 전문성이었고, 제4사분면에는 3.일반성도 지도 전문성, 9.설교 전문성이었다.

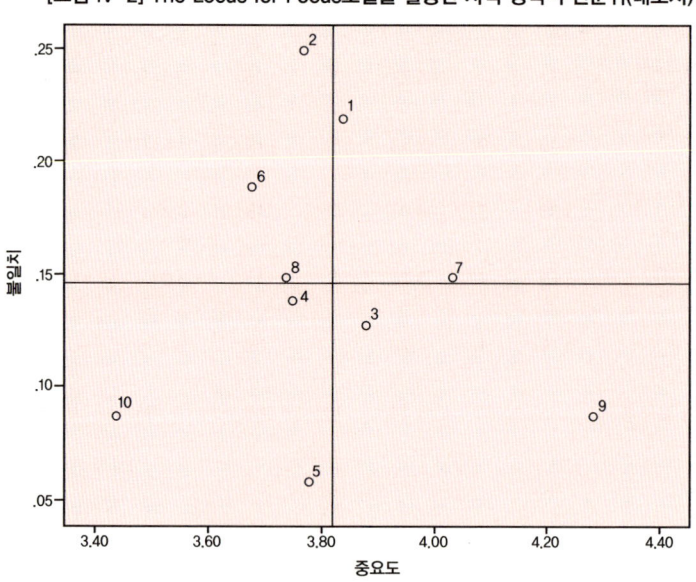

[그림 IV-2] The Locus for Focus모델을 활용한 사역 영역 우선순위(대도시)

〈표 IV-29〉 The Locus for Focus 모델을 활용한 사역 영역 우선순위(대도시)

분면	사역 영역 우선순위
1사분면(고고)	1.새 신자 지도 전문성, 7.소그룹 인도 전문성
2사분면(저고)	2.임직자 지도 전문성, 6.교회학교 운영 전문성, 8.목회상담 전문성
3사분면(저저)	5.기독교교육 전문성(성경교수 등), 4.전도훈련(지도) 전문성, 10.행정 전문성
4사분면(고저)	3.일반성도 지도 전문성, 9.설교 전문성

3) 50만 이상 중소도시

개척교회를 위한 지원 내용 중 사역 영역에 대한 50만 이상 중소도시 개척교회 목회자의 요구도를 분석하기 위해서 대응표본 t검정을 실시하였다. 현재 선호 수준에서는 설교 전문성의 평균이 가장 높았고, 미래 중요 수준도 설교 전문성의 평균이 가장 높았다. 대응표본 t검정 결과, 10개 분야 중 2개 분야에서 통계적으로 유의미한 차이를 보였다. 본 연구에서 요구는 현재 선호 수준과 미래 중요 수준 간의 차이로 정의되기 때문에 2개 분야에서 갭gap으로써 요구가 존재하였다. 다음으로 Borich의 요구도 값을 산출한 결과 가장 높은 요구도 값은 전도훈련(지도) 전문성이었으며, 그 다음으로 기독교교육 전문성(성경교수 등)이었다. 50만 이상 중소도시 개척교회 목회자의 사역 영역에 대한 요구도 분석 결과는 〈표 IV-30〉과 같다.

〈표 IV-30〉 사역 영역 요구도(50만 이상 중소도시)

구분	현재선호도		미래중요도		차이		요구도	순위
	평균	순위	평균	순위	평균	t값		
1. 새 신자 지도 전문성	3.86	7	3.98	5	.12	1.952	0.47	4
2. 임직자 지도 전문성	3.67	9	3.81	9	.14	1.776	0.54	3

3. 일반성도 지도 전문성	4.00	3	3.95	7	-.05	-.703	-0.19	8
4. 전도훈련(지도) 전문성	4.00	3	4.17	2	.17	2.206*	0.69	1
5. 기독교교육 전문성(성경교수 등)	3.76	8	3.93	8	.17	2.471*	0.65	2
6. 교회학교 운영 전문성	3.93	6	3.98	5	.05	.813	0.19	7
7. 소그룹 인도 전문성	4.12	2	4.17	2	.05	.813	0.20	6
8. 목회상담 전문성	3.98	5	4.07	4	.10	1.667	0.39	5
9. 설교 전문성	4.52	1	4.48	1	-.05	-1.432	-0.21	9
10. 행정 전문성	3.64	10	3.57	10	-.07	-.829	-0.26	10

$*p<.05, **p<.01, ***p<.001$

다음으로 개척교회를 위한 지원 내용 중 사역 영역을 The Locus for Focus 모델을 활용하여 우선순위를 분석한 결과는 [그림 IV-3]와 〈표 IV-31〉과 같다. 개척교회를 위한 지원 내용 중 사역 영역의 미래 중요 수준 평균은 3.67이며, 불일치 수준(미래 중요 수준-현재 선호 수준)의 평균은 0.15로 나타났다. 미래 중요 수준의 평균을 x축으로, 불일치 수준의 평균을 y축으로 하여 사사분면으로 나타냈을 때, 제1사분면의 영역에 속하는 사역 영역들은 50만 이상 중소도시 목회자들이 중요하게 생각하고 미래 중요 수준과 현재 선호 수준 간의 불일치 수준이 높은 것들로 최우선적으로 요구되는 사역 영역들이다.

분석 결과, 제1사분면에 포함되는 사역 영역은 4.전도훈련(지도) 전문성, 8.목회상담 전문성이었고, 제2사분면에는 1.새 신자 지도 전문성, 2.임직자 지도 전문성, 5.기독교교육 전문성(성경교수등)이었으며, 제3사분면에는 3.일반성도 지도 전문성, 6.교회학교 운영 전문성, 10.행정 전문성이었고, 제4사분면에는 7.소그룹 인도 전문성, 9.설교 전문성이었다.

[그림 IV-3] The Locus for Focus 모델을 활용한 사역 영역 우선순위(50만 이상 중소도시)

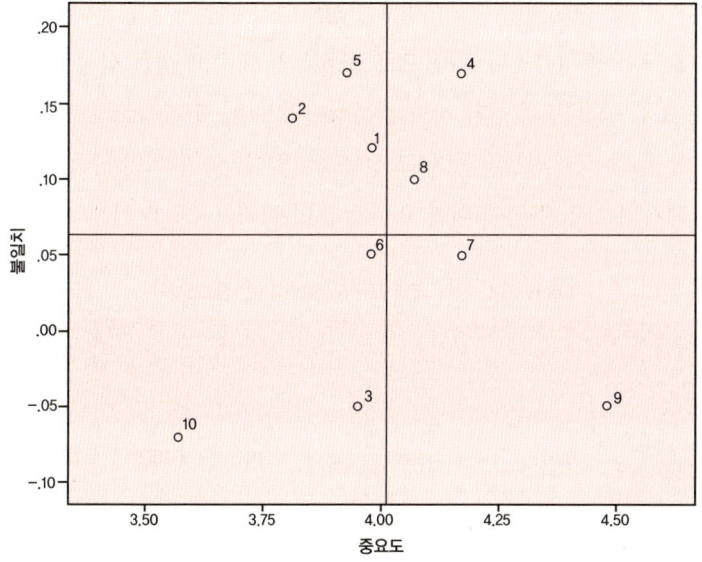

〈표 IV-31〉 The Locus for Focus 모델을 활용한 사역 영역 우선순위(50만 이상 중소도시)

분면	사역 영역 우선순위
1사분면(고고)	4.전도훈련(지도) 전문성, 8.목회상담 전문성
2사분면(저고)	1.새 신자 지도 전문성, 2.임직자 지도 전문성, 5.기독교교육 전문성(성경교수등)
3사분면(저저)	3.일반성도 지도 전문성, 6.교회학교 운영 전문성, 10.행정 전문성
4사분면(고저)	7.소그룹 인도 전문성, 9.설교 전문성

4) 50만 미만 중소도시

개척교회를 위한 지원 내용 중 사역 영역에 대한 50만 미만 중소도시 개척 교회 목회자의 요구도를 분석하기 위해서 대응표본 t검정을 실시하였다. 현재 선호 수준에서는 설교 전문성의 평균이 가장 높았고, 미래 중요 수준도 설교 전문성의 평균이 가장 높았다. 대응표본 t검정 결과, 10개 분야 중 3개 분야에서 통계적으로 유의미한 차이를 보였다. 본 연구에서 요구는 현재 선호 수준과 미래 중요 수준 간의 차이로 정의되기 때문에 3개 분야에서 갭gap으로써 요구가 존재하였다. 다음으로 Borich의 요구도 값을 산출한 결과 가장 높은 요구도 값은 새 신자 지도 전문성이었으며, 그 다음으로 기독교교육 전문성(성경교수 등), 전도훈련(지도) 전문성이었다. 50만 미만 중소도시 개척교회 목회자의 사역 영역에 대한 요구도 분석 결과는 〈표 IV-32〉와 같다.

〈표 IV-32〉 사역 영역 요구도(50만 미만 중소도시)

구분	현재선호도		미래중요도		차이		요구도	순위
	평균	순위	평균	순위	평균	t값		
1. 새 신자 지도 전문성	3.67	4	3.85	2	.18	3.200**	0.69	1
2. 임직자 지도 전문성	3.67	4	3.76	3	.09	1.936	0.34	5
3. 일반성도 지도 전문성	3.69	3	3.66	9	-.03	-.630	-0.11	9
4. 전도훈련(지도) 전문성	3.60	7	3.72	5	.12	2.640*	0.44	3
5. 기독교교육 전문성(성경교수 등)	3.78	2	3.75	4	-.03	-.532	-0.11	10
6. 교회학교 운영 전문성	3.54	9	3.67	7	.13	1.453	0.49	2
7. 소그룹 인도 전문성	3.63	6	3.67	7	.04	1.000	0.16	7
8. 목회상담 전문성	3.58	8	3.69	6	.10	2.168*	0.39	4
9. 설교 전문성	4.19	1	4.19	1	.00	0.000	0.00	8
10. 행정 전문성	3.30	10	3.39	10	.09	1.623	0.30	6

$*p<.05, **p<.01, ***p<.001$

다음으로 개척교회를 위한 지원 내용 중 사역 영역을 The Locus for Focus 모델을 활용하여 우선순위를 분석한 결과는 [그림 IV-4]와 〈표 IV-33〉과 같다. 개척교회를 위한 지원 내용 중 사역 영역의 미래 중요 수준 평균은 3.66이며, 불일치 수준(미래 중요 수준-현재 선호 수준)의 평균은 0.07로 나타났다. 미래 중요 수준의 평균을 x축으로, 불일치 수준의 평균을 y축으로 하여 사사분면으로 나타냈을 때, 제1사분면의 영역에 속하는 사역 영역들은 50만 미만 중소도시 목회자들이 중요하게 생각하고 미래 중요 수준과 현재 선호 수준 간의 불일치 수준이 높은 것들로 최우선적으로 요구되는 사역 영역들이다.

분석 결과, 제1사분면에 포함되는 사역 영역은 1.새 신자 지도 전문성, 2.임직자 지도 전문성이었고, 제2사분면에는 4.전도훈련(지도) 전문성, 6.교회학교 운영 전문성, 8.목회상담 전문성, 10.행정 전문성이었으며, 제3사분면에는 3.일반성도 지도 전문성, 7.소그룹 인도 전문성이었고, 제4사분면에는 5.기독교교육 전문성(성경교수등), 9.설교 전문성이었다.

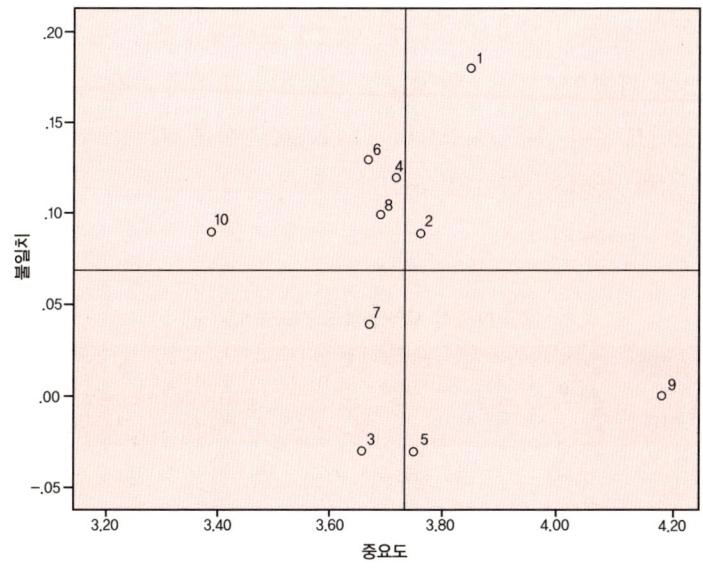

[그림 IV-4] The Locus for Focus모델을 활용한 사역 영역 우선순위(50만 미만 중소도시)

〈표 IV-33〉 The Locus for Focus 모델을 활용한 사역 영역 우선순위(50만 미만 중소도시)

분면	사역 영역 우선순위
1사분면(고고)	1.새 신자 지도 전문성, 2.임직자 지도 전문성
2사분면(저고)	4.전도훈련(지도) 전문성, 6.교회학교 운영 전문성, 8.목회상담 전문성,
3사분면(저저)	10.행정 전문성
4사분면(고저)	3.일반성도 지도 전문성, 7.소그룹 인도 전문성

5) 농어촌

개척교회를 위한 지원 내용 중 사역 영역에 대한 농어촌 개척교회 목회자의 요구도를 분석하기 위해서 대응표본 t검정을 실시하였다. 현재 선호 수준에서는 설교 전문성의 평균이 가장 높았고, 미래 중요 수준도 설교 전문성의 평균이 가장 높았다. 대응표본 t검정 결과, 10개 분야 중 2개 분야에서 통계적으로 유의미한 차이를 보였다. 본 연구에서 요구는 현재 선호 수준과 미래 중요 수준 간의 차이로 정의되기 때문에 2개 분야에서 갭gap으로써 요구가 존재하였다. 다음으로 Borich의 요구도 값을 산출한 결과 가장 높은 요구도 값은 교회학교 운영 전문성이었으며, 그 다음으로 설교 전문성, 소그룹 인도 전문성이었다. 농어촌 개척교회 목회자의 사역 영역에 대한 요구도 분석 결과는 〈표 IV-34〉와 같다.

〈표 IV-34〉 사역 영역 요구도(농어촌)

구분	현재선호도		미래중요도		차이		요구도	순위
	평균	순위	평균	순위	평균	t값		
1. 새 신자 지도 전문성	3.62	7	3.68	7	.06	.621	0.23	5
2. 임직자 지도 전문성	3.62	7	3.68	7	.06	.621	0.23	5

3. 일반성도 지도 전문성	3.83	2	3.81	5	-.02	-.206	-0.08	10
4. 전도훈련(지도) 전문성	3.74	3	3.83	3	.09	.942	0.33	4
5. 기독교교육 전문성(성경교수 등)	3.74	3	3.72	6	-.02	-.256	-0.08	9
6. 교회학교 운영 전문성	3.72	5	3.96	2	.23	2.117*	0.93	1
7. 소그룹 인도 전문성	3.72	5	3.83	3	.11	2.340*	0.41	3
8. 목회상담 전문성	3.62	7	3.64	9	.02	.374	0.08	7
9. 설교 전문성	4.13	1	4.28	1	.15	1.634	0.64	2
10. 행정 전문성	3.49	10	3.51	10	.02	.443	0.07	8

*$p<.05$, **$p<.01$, ***$p<.001$

다음으로 개척교회를 위한 지원 내용 중 사역 영역을 The Locus for Focus 모델을 활용하여 우선순위를 분석한 결과는 [그림 IV-5]와 〈표 IV-35〉와 같다. 개척교회를 위한 지원 내용 중 사역 영역의 미래 중요 수준 평균은 3.72이며, 불일치 수준(미래 중요 수준-현재 선호 수준)의 평균은 0.07로 나타났다. 미래 중요 수준의 평균을 x축으로, 불일치 수준의 평균을 y축으로 하여 사사분면으로 나타냈을 때, 제1사분면의 영역에 속하는 사역 영역들은 농어촌 목회자들이 중요하게 생각하고 미래 중요 수준과 현재 선호 수준 간의 불일치 수준이 높은 것들로 최우선적으로 요구되는 사역 영역들이다.

분석 결과, 제1사분면에 포함되는 사역 영역은 4.전도훈련(지도) 전문성, 6.교회학교 운영 전문성, 7.소그룹 인도 전문성, 해당 사항이 없었으며, 제3사분면에는 1.새 신자 지도 전문성, 2.임직자 지도 전문성, 5.기독교교육 전문성(성경교수등), 8.목회상담 전문성, 10.행정 전문성이었고, 제4사분면에는 3.일반성도 지도 전문성이었다.

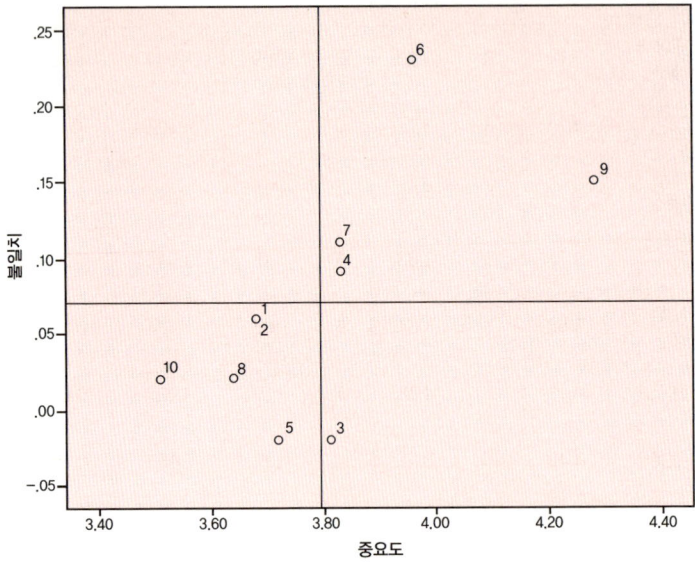

[그림 IV-5] The Locus for Focus모델을 활용한 사역 영역 우선순위(농어촌)

〈표 IV-35〉 The Locus for Focus 모델을 활용한 사역 영역 우선순위(농어촌)

분면	사역 영역 우선순위
1사분면(고고)	4.전도훈련(지도) 전문성, 6.교회학교 운영 전문성, 7.소그룹 인도 전문성, 9.설교 전문성
2사분면(저고)	-
3사분면(저저)	1.새 신자 지도 전문성, 2.임직자 지도 전문성, 5.기독교교육 전문성(성경교수등), 8.목회상담 전문성, 10.행정 전문성
4사분면(고저)	3.일반성도 지도 전문성

나. 국내전도위원회 지원 영역 요구도

1) 전체

개척교회를 위한 지원 내용 중 국내전도위원회 지원 영역에 대한 요구도를 분석하기 위해서 대응표본 t검정을 실시하였다. 현재 선호 수준에서는 개척교회 자녀 교육 지원의 평균이 가장 높았고, 미래 중요 수준도 개척교회 자녀 교육 지원의 평균이 가장 높았다. 대응표본 t검정 결과, 13개 분야 중 11개 분야에서 통계적으로 유의미한 차이를 보였다. 본 연구에서 요구는 현재 선호 수준과 미래 중요 수준 간의 차이로 정의되기 때문에 11개 분야에서 갭gap으로써 요구가 존재하였다. 다음으로 Borich의 요구도 값을 산출한 결과 가장 높은 요구도 값은 개척교회를 위한 개척자금 지원 활동이었으며, 그다음 순으로 개척교회 자녀 교육 지원, 개척교회 사역을 위한 연구 활동, 개척교회 목회자 간 소그룹 활동 등의 순이었다. 개척교회를 위한 지원 내용 중 국내전도위원회 지원 영역에 대한 요구도 분석 결과는 〈표 IV-36〉과 같다.

〈표 IV-36〉 국내전도위원회 지원 영역 요구도(전체)

구분	현재선호도		미래중요도		차이		요구도	순위
	평균	순위	평균	순위	평균	t값		
1. 개척교회 관련 교수 강연이나 세미나	2.81	12	2.90	12	.09	2.651**	0.25	9
2. 개척교회 방문	2.73	13	2.82	13	.09	2.724**	0.24	11
3. 개척교회 관련 사역자의 강연 및 세미나	2.87	10	2.95	10	.09	3.279**	0.26	8
4. 개척교회 관련 재교육 강좌	2.83	11	2.92	11	.09	3.464**	0.26	7
5. 개척교회 목회자 간 소그룹 활동	3.00	8	3.11	8	.11	4.372***	0.34	4
6. 개척교회 컨설팅	2.99	9	3.10	9	.11	3.465**	0.33	5
7. 개척교회를 위한 개척자금 지원 활동	3.70	2	3.80	2	.10	3.962***	0.39	1
8. 개척교회 사역자 격려 활동	3.55	3	3.63	3	.08	3.651***	0.30	6
9. 개척교회 부부 지원 활동	3.41	4	3.48	5	.07	3.012**	0.25	10
10. 개척교회 사역을 위한 연구 활동	3.41	5	3.51	4	.10	3.070**	0.34	3

11. 개척교회 사역을 위한 상담 활동	3.25	6	3.27	6	.02	.787	0.07	13
12. 개척교회 전문 자료집 발간	3.08	7	3.14	7	.06	1.869	0.19	12
13. 개척교회 자녀 교육 지원	3.74	1	3.83	1	.09	3.394**	0.35	2

*p<.05, **p<.01, ***p<.001

다음으로 개척교회를 위한 지원 내용 중 국내전도위원회 지원 영역을 The Locus for Focus 모델을 활용하여 우선순위를 분석한 결과는 [그림 Ⅳ-6]와 〈표 Ⅳ-37〉과 같다. 개척교회를 위한 지원 내용 중 국내전도위원회 지원 영역의 미래 중요 수준 평균은 3.18이며, 불일치 수준(미래 중요 수준-현재 선호 수준)의 평균은 0.08로 나타났다. 미래 중요 수준의 평균을 x축으로, 불일치 수준의 평균을 y축으로 하여 사사분면으로 나타냈을 때, 제1사분면의 영역에 속하는 사역 영역들은 목회자들이 중요하게 생각하고 미래 중요 수준과 현재 선호 수준 간의 불일치 수준이 높은 것들로 최우선적으로 요구되는 국내전도위원회 지원 영역들이다.

분석 결과, 제1사분면에 포함되는 사역 영역은 7.개척교회를 위한 개척자금 지원 활동, 10.개척교회 사역을 위한 연구 활동, 13.개척교회 자녀 교육 지원이었고, 제2사분면에는 1.개척교회 관련 교수 강연이나 세미나, 2.개척교회 방문, 3.개척교회 관련 사역자의 강연 및 세미나, 4.개척교회 관련 재교육 강좌, 5.개척교회 목회자 간 소그룹 활동, 6.개척교회 컨설팅이었으며, 제3사분면에는 12.개척교회 전문 자료집 발간이었고, 제4사분면에는 8.개척교회 사역자 격려 활동, 9.개척교회 부부 지원 활동, 11.개척교회 사역을 위한 상담 활동이었다.

[그림 IV-6] The Locus for Focus모델을 활용한 국내전도위원회 지원 영역 우선순위(전체)

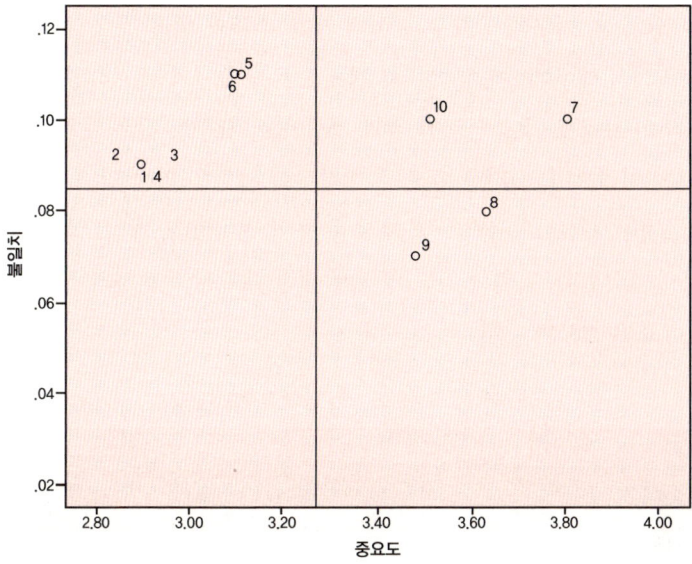

〈표 IV-37〉 The Locus for Focus 모델을 활용한 국내전도위원회 지원 영역 우선순위(전체)

분면	국내전도위원회 지원 영역 우선순위
1사분면(고고)	7. 개척교회를 위한 개척자금 지원 활동, 10. 개척교회 사역을 위한 연구 활동, 13. 개척교회 자녀 교육 지원
2사분면(저고)	1. 개척교회 관련 교수 강연이나 세미나, 2. 개척교회 방문, 3. 개척교회 관련 사역자의 강연 및 세미나, 4. 개척교회 관련 재교육 강좌, 5. 개척교회 목회자 간 소그룹 활동, 6. 개척교회 컨설팅
3사분면(저저)	12. 개척교회 전문 자료집 발간
4사분면(고저)	8. 개척교회 사역자 격려 활동, 9. 개척교회 부부 지원 활동, 11. 개척교회 사역을 위한 상담 활동

2) 대도시

개척교회를 위한 지원 내용 중 국내전도위원회 지원 영역에 대한 대도시 목회자의 요구도를 분석하기 위해서 대응표본 t검정을 실시하였다. 현재 선호 수준에서는 개척교회를 위한 개척자금 지원 활동의 평균이 가장 높았고, 미래 중요 수준도 개척교회를 위한 개척자금 지원 활동의 평균이 가장 높았다. 대응표본 t검정 결과, 13개 분야 중 8개 분야에서 통계적으로 유의미한 차이를 보였다. 본 연구에서 요구는 현재 선호 수준과 미래 중요 수준 간의 차이로 정의되기 때문에 8개 분야에서 갭gap으로써 요구가 존재하였다. 다음으로 Borich의 요도도 값을 산출한 결과 가장 높은 요구도 값은 개척교회 자녀 교육 지원이었으며, 그다음 순으로 개척교회 사역을 위한 연구 활동, 개척교회 컨설팅, 개척교회 사역자 격려 활동 등의 순이었다. 개척교회를 위한 지원 내용 중 국내전도위원회 지원 영역에 대한 대도시 목회자의 요구도 분석 결과는 〈표 IV-38〉과 같다.

〈표 IV-38〉 국내전도위원회 지원 영역 요구도(대도시)

구분	현재선호도		미래중요도		차이		요구도	순위
	평균	순위	평균	순위	평균	t값		
1. 개척교회 관련 교수 강연이나 세미나	2.84	10	2.91	10	.07	1.090	0.21	11
2. 개척교회 방문	2.75	13	2.84	13	.09	1.553	0.26	8
3. 개척교회 관련 사역자의 강연 및 세미나	2.83	11	2.87	11	.05	1.092	0.13	12
4. 개척교회 관련 재교육 강좌	2.77	12	2.87	11	.10	2.340*	0.29	6
5. 개척교회 목회자 간 소그룹 활동	2.93	8	3.02	8	.09	2.989**	0.27	7
6. 개척교회 컨설팅	3.04	7	3.16	7	.13	2.316*	0.40	3
7. 개척교회를 위한 개척자금 지원 활동	3.66	1	3.75	1	.08	2.096*	0.31	5
8. 개척교회 사역자 격려 활동	3.48	3	3.59	3	.11	2.763**	0.39	4
9. 개척교회 부부 지원 활동	3.34	4	3.41	5	.07	2.357*	0.25	9
10. 개척교회 사역을 위한 연구 활동	3.29	5	3.42	4	.13	2.832**	0.44	2
11. 개척교회 사역을 위한 상담 활동	3.17	6	3.19	6	.02	.391	0.06	13

| 12. 개척교회 전문 자료집 발간 | 2.92 | 9 | 2.99 | 9 | .07 | 1.378 | 0.22 | 10 |
| 13. 개척교회 자녀 교육 지원 | 3.61 | 2 | 3.73 | 2 | .12 | 2.565* | 0.45 | 1 |

$*p<.05, **p<.01, ***p<.001$

다음으로 개척교회를 위한 지원 내용 중 국내전도위원회 지원 영역을 The Locus for Focus 모델을 활용하여 우선순위를 분석한 결과는 [그림 IV-7]과 〈표 IV-39〉와 같다. 개척교회를 위한 지원 내용 중 국내전도위원회 지원 영역의 미래 중요 수준 평균은 3.12이며, 불일치 수준(미래 중요 수준-현재 선호 수준)의 평균은 0.09로 나타났다. 미래 중요 수준의 평균을 x축으로, 불일치 수준의 평균을 y축으로 하여 사사분면으로 나타냈을 때, 제1사분면의 영역에 속하는 사역 영역들은 목회자들이 중요하게 생각하고 미래 중요 수준과 현재 선호 수준 간의 불일치 수준이 높은 것들로 국내전도위원회 지원 영역에 대한 대도시 목회자들이 최우선적으로 요구하는 것들이다.

분석 결과, 제1사분면에 포함되는 사역 영역은 8.개척교회 사역자 격려 활동, 10.개척교회 사역을 위한 연구 활동, 13.개척교회 자녀 교육 지원이었고, 제2사분면에는 1.개척교회 관련 교수 강연이나 세미나, 2.개척교회 방문, 3.개척교회 관련 사역자의 강연 및 세미나, 4.개척교회 관련 재교육 강좌, 5.개척교회 목회자 간 소그룹 활동, 6.개척교회 컨설팅이었으며, 제3사분면에는 12.개척교회 전문 자료집 발간이었고, 제4사분면에는 7.개척교회를 위한 개척자금 지원 활동, 9.개척교회 부부 지원 활동, 11.개척교회 사역을 위한 상담 활동이었다.

[그림 IV-7] The Locus for Focus모델을 활용한 국내전도위원회 지원 영역 우선순위(대도시)

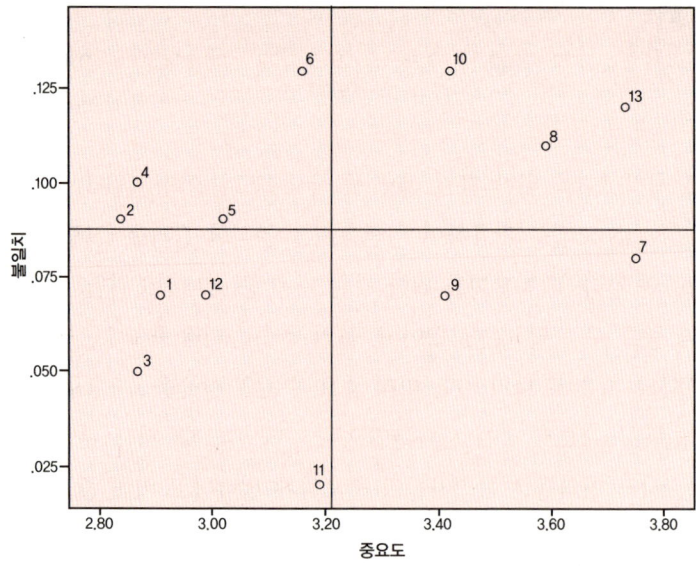

〈표 IV-39〉 The Locus for Focus 모델을 활용한 국내전도위원회 지원 영역 우선순위(대도시)

분면	국내전도위원회 지원 영역 우선순위
1사분면(고고)	8. 개척교회 사역자 격려 활동, 10. 개척교회 사역을 위한 연구 활동, 13. 개척교회 자녀 교육 지원
2사분면(저고)	1. 개척교회 관련 교수 강연이나 세미나, 2. 개척교회 방문, 3. 개척교회 관련 사역자의 강연 및 세미나, 4. 개척교회 관련 재교육 강좌, 5. 개척교회 목회자 간 소그룹 활동, 6. 개척교회 컨설팅
3사분면(저저)	12. 개척교회 전문 자료집 발간
4사분면(고저)	7. 개척교회를 위한 개척자금 지원 활동, 9. 개척교회 부부 지원 활동, 11. 개척교회 사역을 위한 상담 활동

2) 50만 이상 중소도시

개척교회를 위한 지원 내용 중 국내전도위원회 지원 영역에 대한 50만 이상 중소도시 목회자의 요구도를 분석하기 위해서 대응표본 t검정을 실시하였다. 현재 선호 수준에서는 개척교회를 위한 개척자금 지원 활동의 평균이 가장 높았고, 미래 중요 수준도 개척교회를 위한 개척자금 지원 활동의 평균이 가장 높았다. 대응표본 t검정 결과, 13개 분야 중 1개 분야에서 통계적으로 유의미한 차이를 보였다. 본 연구에서 요구는 현재 선호 수준과 미래 중요 수준 간의 차이로 정의되기 때문에 1개 분야에서 갭gap으로써 요구가 존재하였다. 다음으로 Borich의 요구도 값을 산출한 결과 가장 높은 요구도 값은 개척교회 자녀 교육 지원이었으며, 그다음 순으로 개척교회 사역을 위한 연구 활동, 개척교회 방문, 개척교회를 위한 개척자금 지원 활동 등의 순이었다. 개척교회를 위한 지원 내용 중 국내전도위원회 지원 영역에 대한 50만 이상 중소도시 목회자의 요구도 분석 결과는 〈표 IV-40〉과 같다.

〈표 IV-40〉 국내전도위원회 지원 영역 요구도(50만 이상 중소도시)

구분	현재선호도		미래중요도		차이		요구도	순위
	평균	순위	평균	순위	평균	t값		
1. 개척교회 관련 교수 강연이나 세미나	2.71	11	2.74	12	.02	1.000	0.07	12
2. 개척교회 방문	2.52	13	2.67	13	.14	1.961	0.38	3
3. 개척교회 관련 사역자의 강연 및 세미나	2.83	10	2.90	10	.07	1.000	0.21	8
4. 개척교회 관련 재교육 강좌	2.69	12	2.76	11	.07	1.355	0.20	9
5. 개척교회 목회자 간 소그룹 활동	2.90	9	2.98	8	.07	1.138	0.21	7
6. 개척교회 컨설팅	2.95	7	3.02	7	.07	1.776	0.22	6

7. 개척교회를 위한 개척자금 지원 활동	3.71	1	3.81	1	.10	2.077	0.36	4
8. 개척교회 사역자 격려 활동	3.48	5	3.50	5	.02	.573	0.08	11
9. 개척교회 부부 지원 활동	3.52	4	3.62	4	.10	1.432	0.34	5
10. 개척교회 사역을 위한 연구 활동	3.55	3	3.67	3	.12	1.952	0.44	2
11. 개척교회 사역을 위한 상담 활동	3.19	6	3.19	6	.00	0.000	0.00	13
12. 개척교회 전문 자료집 발간	2.93	8	2.98	8	.05	.495	0.14	10
13. 개척교회 자녀 교육 지원	3.57	2	3.79	2	.21	2.460*	0.81	1

$*p<.05, **p<.01, ***p<.001$

다음으로 개척교회를 위한 지원 내용 중 국내전도위원회 지원 영역을 The Locus for Focus 모델을 활용하여 우선순위를 분석한 결과는 [그림 Ⅳ-8]과 〈표 Ⅳ-41〉과 같다. 개척교회를 위한 지원 내용 중 국내전도위원회 지원 영역의 미래 중요 수준 평균은 3.12이며, 불일치 수준(미래 중요 수준-현재 선호 수준)의 평균은 0.08로 나타났다. 미래 중요 수준의 평균을 x축으로, 불일치 수준의 평균을 y축으로 하여 사사분면으로 나타냈을 때, 제1사분면의 영역에 속하는 사역 영역들은 목회자들이 중요하게 생각하고 미래 중요 수준과 현재 선호 수준 간의 불일치 수준이 높은 것들로 국내전도위원회 지원 영역에 대한 50만 이상 중소도시 목회자들이 최우선적으로 요구하는 것들이다.

분석 결과, 제1사분면에 포함되는 사역 영역은 7.개척교회를 위한 개척자금 지원 활동, 9.개척교회 부부 지원 활동, 10.개척교회 사역을 위한 연구 활동, 13.개척교회 자녀 교육 지원이었고, 제2사분면에는 2.개척교회 방문이었으며, 제3사분면에는 1.개척교회 관련 교수 강연이나 세미나, 3.개척교회 관련 사역자의 강연 및 세미나, 4.개척교회 관련 재교육 강좌, 5.개척교회 목회자 간 소그룹 활동, 6.개척교회 컨설팅, 11.개척교회 사역을 위한 상담 활동,

12. 개척교회 전문 자료집 발간이었고, 제4사분면에는 8. 개척교회 사역자 격려 활동이었다.

[그림 IV-8] The Locus for Focus 모델을 활용한 국내전도위원회 지원 영역 우선순위
(50만 이상 중소도시)

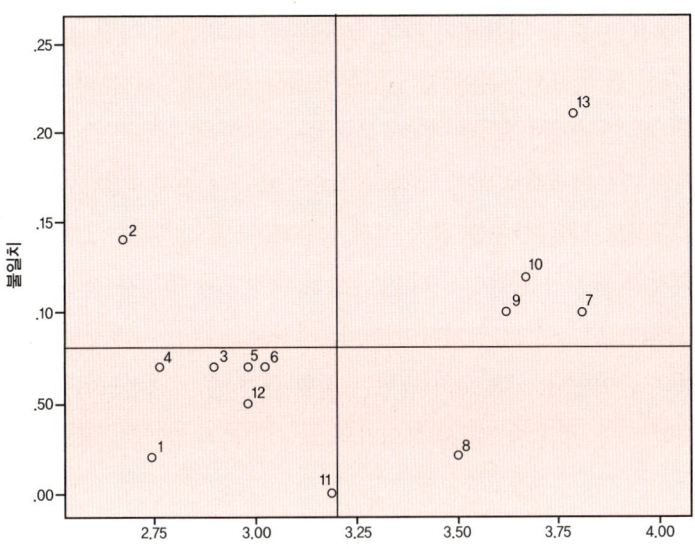

〈표 IV-41〉 The Locus for Focus 모델을 활용한 국내전도위원회 지원 영역 우선순위
(50만 이상 중소도시)

분면	국내전도위원회 지원 영역 우선순위
1사분면(고고)	7. 개척교회를 위한 개척자금 지원 활동, 9. 개척교회 부부 지원 활동, 10. 개척교회 사역을 위한 연구 활동, 13. 개척교회 자녀 교육 지원
2사분면(저고)	2. 개척교회 방문
3사분면(저저)	1. 개척교회 관련 교수 강연이나 세미나, 3. 개척교회 관련 사역자의 강연 및 세미나, 4. 개척교회 관련 재교육 강좌, 5. 개척교회 목회자 간 소그룹 활동, 6. 개척교회 컨설팅, 11. 개척교회 사역을 위한 상담 활동, 12. 개척교회 전문 자료집 발간
4사분면(고저)	8. 개척교회 사역자 격려 활동

3) 50만 미만 중소도시

개척교회를 위한 지원 내용 중 국내전도위원회 지원 영역에 대한 50만 미만 중소도시 목회자의 요구도를 분석하기 위해서 대응표본 t검정을 실시하였다. 현재 선호 수준에서는 개척교회 자녀 교육 지원의 평균이 가장 높았고, 미래 중요 수준도 개척교회 자녀 교육 지원의 평균이 가장 높았다. 대응표본 t검정 결과, 13개 분야 중 5개 분야에서 통계적으로 유의미한 차이를 보였다. 본 연구에서 요구는 현재 선호 수준과 미래 중요 수준 간의 차이로 정의되기 때문에 5개 분야에서 갭gap으로써 요구가 존재하였다. 다음으로 Borich의 요구도 값을 산출한 결과 가장 높은 요구도 값은 개척교회를 위한 개척자금 지원 활동이었으며, 그다음 순으로 개척교회 목회자 간 소그룹 활동, 개척교회 관련 교수 강연이나 세미나, 개척교회 관련 사역자의 강연 및 세미나 등의 순이었다. 개척교회를 위한 지원 내용 중 국내전도위원회 지원 영역에 대한 50만 미만 중소도시 목회자의 요구도 분석 결과는 〈표 IV-42〉와 같다.

〈표 IV-42〉 국내전도위원회 지원 영역 요구도(50만 미만 중소도시)

구분	현재선호도		미래중요도		차이		요구도	순위
	평균	순위	평균	순위	평균	t값		
1. 개척교회 관련 교수 강연이나 세미나	2.84	12	2.99	11	.15	2.606*	0.45	3
2. 개척교회 방문	2.75	13	2.79	13	.04	1.350	0.12	11
3. 개척교회 관련 사역자의 강연 및 세미나	2.85	11	2.99	11	.13	2.601*	0.40	4
4. 개척교회 관련 재교육 강좌	2.93	10	3.01	9	.09	1.514	0.27	7
5. 개척교회 목회자 간 소그룹 활동	3.04	8	3.19	8	.15	2.606*	0.48	2
6. 개척교회 컨설팅	2.94	9	3.01	9	.07	1.298	0.22	8

7. 개척교회를 위한 개척자금 지원 활동	3.75	2	3.88	2	.13	2.118*	0.52	1
8. 개척교회 사역자 격려 활동	3.58	3	3.69	3	.10	2.416*	0.39	5
9. 개척교회 부부 지원 활동	3.34	5	3.39	5	.04	1.136	0.15	10
10. 개척교회 사역을 위한 연구 활동	3.36	4	3.46	4	.10	1.984	0.36	6
11. 개척교회 사역을 위한 상담 활동	3.27	7	3.33	6	.06	1.070	0.20	9
12. 개척교회 전문 자료집 발간	3.28	6	3.31	7	.03	.574	0.10	13
13. 개척교회 자녀 교육 지원	3.88	1	3.91	1	.03	.704	0.12	12

$*p<.05, **p<.01, ***p<.001$

다음으로 개척교회를 위한 지원 내용 중 국내전도위원회 지원 영역을 The Locus for Focus 모델을 활용하여 우선순위를 분석한 결과는 [그림 IV-9]와 〈표 IV-43〉과 같다. 개척교회를 위한 지원 내용 중 국내전도위원회 지원 영역의 미래 중요 수준 평균은 3.22이며, 불일치 수준(미래 중요 수준-현재 선호 수준)의 평균은 0.09로 나타났다. 미래 중요 수준의 평균을 x축으로, 불일치 수준의 평균을 y축으로 하여 사사분면으로 나타냈을 때, 제1사분면의 영역에 속하는 사역 영역들은 목회자들이 중요하게 생각하고 미래 중요 수준과 현재 선호 수준 간의 불일치 수준이 높은 것들로 국내전도위원회 지원 영역에 대한 50만 미만 중소도시 목회자들이 최우선적으로 요구하는 것들이다.

분석 결과, 제1사분면에 포함되는 사역 영역은 7.개척교회를 위한 개척자금 지원 활동, 8.개척교회 사역자 격려 활동, 10.개척교회 사역을 위한 연구 활동이었고, 제2사분면에는 1.개척교회 관련 교수 강연이나 세미나, 3.개척교회 관련 사역자의 강연 및 세미나, 4.개척교회 관련 재교육 강좌, 5.개척교회 목회자 간 소그룹 활동이었으며, 제3사분면에는 2.개척교회 방문, 6.개척교회 컨설팅이었고, 제4사분면에는 9.개척교회 부부 지원 활동, 11.개척교회 사역을 위한 상담 활동, 12.개척교회 전문 자료집 발간 13.개척교회 자녀 교육 지원이었다.

[그림 IV-9] The Locus for Focus모델을 활용한 국내전도위원회 지원 영역 우선순위
(50만 미만 중소도시)

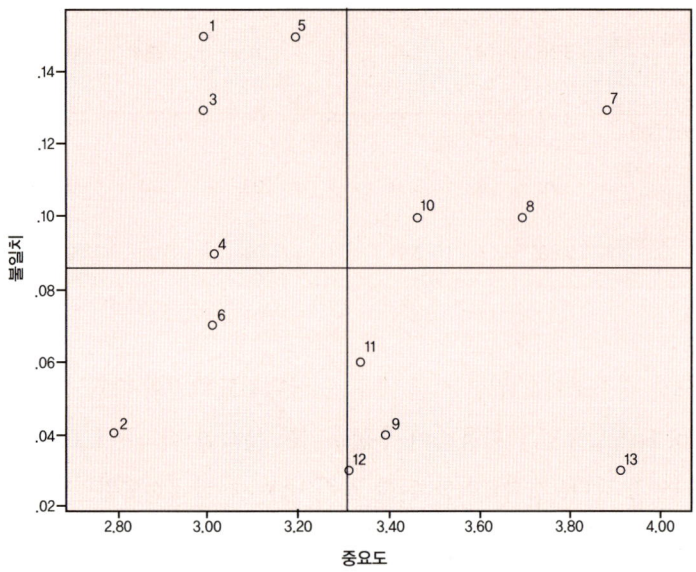

〈표 IV-43〉 The Locus for Focus 모델을 활용한 국내전도위원회 지원 영역 우선순위
(50만 미만 중소도시)

분면	국내전도위원회 지원 영역 우선순위
1사분면(고고)	7. 개척교회를 위한 개척자금 지원 활동, 8. 개척교회 사역자 격려 활동, 10. 개척교회 사역을 위한 연구 활동
2사분면(저고)	1. 개척교회 관련 교수 강연이나 세미나, 3. 개척교회 관련 사역자의 강연 및 세미나, 4. 개척교회 관련 재교육 강좌, 5. 개척교회 목회자 간 소그룹 활동
3사분면(저저)	2. 개척교회 방문, 6. 개척교회 컨설팅
4사분면(고저)	9. 개척교회 부부 지원 활동, 11. 개척교회 사역을 위한 상담 활동, 12. 개척교회 전문 자료집 발간 13. 개척교회 자녀 교육 지원

4) 농어촌

개척교회를 위한 지원 내용 중 국내전도위원회 지원 영역에 대한 농어촌 목회자의 요구도를 분석하기 위해서 대응표본 t검정을 실시하였다. 현재 선호 수준에서는 개척교회 자녀 교육 지원의 평균이 가장 높았고, 미래 중요 수준도 개척교회 자녀 교육 지원의 평균이 가장 높았다. 대응표본 t검정 결과, 13개 분야 중 1개 분야에서 통계적으로 유의미한 차이를 보였다. 본 연구에서 요구는 현재 선호 수준과 미래 중요 수준 간의 차이로 정의되기 때문에 1개 분야에서 갭gap으로써 요구가 존재하였다. 다음으로 Borich의 요구도 값을 산출한 결과 가장 높은 요구도 값은 개척교회 목회자 간 소그룹 활동이었으며, 그다음 순으로 개척교회를 위한 개척자금 지원 활동, 개척교회 관련 사역자의 강연 및 세미나, 개척교회 컨설팅 등의 순이었다. 개척교회를 위한 지원 내용 중 국내전도위원회 지원 영역에 대한 농어촌 목회자의 요구도 분석 결과는 〈표 IV-44〉과 같다.

〈표 IV-44〉 국내전도위원회 지원 영역 요구도(농어촌)

구분	현재선호도		미래중요도		차이		요구도	순위
	평균	순위	평균	순위	평균	t값		
1. 개척교회 관련 교수 강연이나 세미나	2.81	13	2.89	13	.09	1.663	0.25	9
2. 개척교회 방문	2.85	12	2.94	12	.09	1.000	0.25	8
3. 개척교회 관련 사역자의 강연 및 세미나	3.02	9	3.15	9	.13	2.207*	0.40	3
4. 개척교회 관련 재교육 강좌	2.96	11	3.04	11	.09	1.663	0.26	7
5. 개척교회 목회자 간 소그룹 활동	3.19	8	3.32	8	.13	1.771	0.42	1
6. 개척교회 컨설팅	3.00	10	3.13	10	.13	1.771	0.40	4
7. 개척교회를 위한 개척자금 지원 활동	3.72	2	3.83	2	.11	1.945	0.41	2

8. 개척교회 사역자 격려 활동	3.70	3	3.74	3	.04	.814	0.16	10
9. 개척교회 부부 지원 활동	3.60	5	3.68	4	.09	1.071	0.31	5
10. 개척교회 사역을 위한 연구 활동	3.64	4	3.64	5	.00	0.000	0.00	11
11. 개척교회 사역을 위한 상담 활동	3.47	6	3.47	6	.00	0.000	0.00	11
12. 개척교회 전문 자료집 발간	3.30	7	3.38	7	.09	1.159	0.29	6
13. 개척교회 자녀 교육 지원	3.98	1	3.98	1	.00	0.000	0.00	11

$*p<.05, **p<.01, ***p<.001$

다음으로 개척교회를 위한 지원 내용 중 국내전도위원회 지원 영역을 The Locus for Focus 모델을 활용하여 우선순위를 분석한 결과는 [그림 IV-10]과 〈표 IV-45〉와 같다. 개척교회를 위한 지원 내용 중 국내전도위원회 지원 영역의 미래 중요 수준 평균은 3.33이며, 불일치 수준(미래 중요 수준-현재 선호 수준)의 평균은 0.07로 나타났다. 미래 중요 수준의 평균을 x축으로, 불일치 수준의 평균을 y축으로 하여 사사분면으로 나타냈을 때, 제1사분면의 영역에 속하는 사역 영역들은 목회자들이 중요하게 생각하고 미래 중요 수준과 현재 선호 수준 간의 불일치 수준이 높은 것들로 국내전도위원회 지원 영역에 대한 농어촌 목회자들이 최우선적으로 요구하는 것들이다.

분석 결과, 제1사분면에 포함되는 사역 영역은 7.개척교회를 위한 개척자금 지원 활동, 9.개척교회 부부 지원 활동이었고, 제2사분면에는 1.개척교회 관련 교수 강연이나 세미나, 2.개척교회 방문, 3.개척교회 관련 사역자의 강연 및 세미나, 4.개척교회 관련 재교육 강좌, 5.개척교회 목회자 간 소그룹 활동, 6.개척교회 컨설팅, 12.개척교회 전문 자료집 발간 이었으며, 제3사분면에는 해당 사항이 없었고, 제4사분면에는 8.개척교회 사역자 격려 활동, 10.개척교회 사역을 위한 연구 활동, 11.개척교회 사역을 위한 상담 활동, 13.개척교회 자녀 교육 지원이었다.

[그림 Ⅳ-10] The Locus for Focus모델을 활용한 국내전도위원회 지원 영역 우선순위 (농어촌)

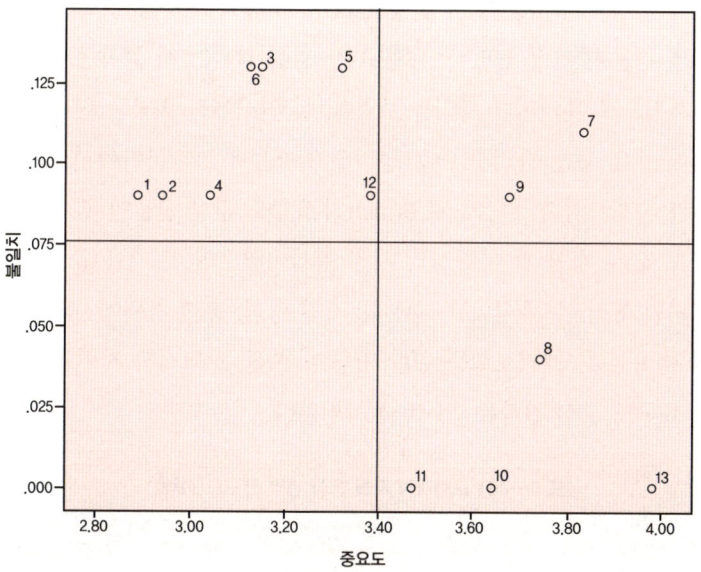

〈표 Ⅳ-45〉 The Locus for Focus 모델을 활용한 국내전도위원회 지원 영역 우선순위(농어촌)

분면	국내전도위원회 지원 영역 우선순위
1사분면(고고)	7. 개척교회를 위한 개척자금 지원 활동, 9. 개척교회 부부 지원 활동
2사분면(저고)	1. 개척교회 관련 교수 강연이나 세미나, 2. 개척교회 방문, 3. 개척교회 관련 사역자의 강연 및 세미나, 4. 개척교회 관련 재교육 강좌, 5. 개척교회 목회자 간 소그룹 활동, 6. 개척교회 컨설팅, 12. 개척교회 전문 자료집 발간
3사분면(저저)	-
4사분면(고저)	8. 개척교회 사역자 격려 활동, 10. 개척교회 사역을 위한 연구 활동, 11. 개척교회 사역을 위한 상담 활동, 13. 개척교회 자녀 교육 지원

다. 교회개척 지원 형식 영역 요구도

1) 전체

개척교회를 위한 지원 내용 중 교회개척 지원 형식 영역에 대한 요구도를 분석하기 위해서 대응표본 t검정을 실시하였다. 현재 선호 수준에서는 노회 중심의 지원 형식의 평균이 가장 높았고, 미래 중요 수준도 노회 중심의 지원 형식의 평균이 가장 높았다. 대응표본 t검정 결과, 8개 분야 중 7개 분야에서 통계적으로 유의미한 차이를 보였다. 본 연구에서 요구는 현재 선호 수준과 미래 중요 수준 간의 차이로 정의되기 때문에 7개 분야에서 갭gap으로써 요구가 존재하였다. 다음으로 Borich의 요구도 값을 산출한 결과 가장 높은 요구도 값은 개인 관계 중심의 지원 형식이었으며, 그다음 순으로 노회 중심의 지원 형식, 현재(국내전도위원회) 지원 형식, 총회 차원에서의 지원 형식 등의 순이었다. 개척교회를 위한 지원 내용 중 교회개척 지원 형식 영역에 대한 요구도 분석 결과는 〈표 IV-46〉과 같다.

〈표 IV-46〉 교회개척 지원 형식 영역 요구도(전체)

구분	현재선호도		미래중요도		차이		요구도	순위
	평균	순위	평균	순위	평균	t값		
1. 현재(국내전도위원회) 지원 형식	3.09	6	3.32	5	.23	5.437***	0.77	3
2. 노회 중심의 지원 형식	3.45	1	3.66	1	.21	5.357***	0.78	2
3. 총회 차원에서의 지원 형식	3.39	3	3.51	2	.12	2.800**	0.42	4
4. 개척 지역별 지원금 차등 지급 형식	3.07	7	3.16	8	.09	2.745**	0.30	6
5. 개체 교회의 지원 형식	3.41	2	3.51	2	.10	2.182*	0.34	5
6. 개인 관계 중심의 지원 형식	3.03	8	3.30	6	.27	5.409***	0.89	1
7. 개척 지원 전담 전문 기구를 통한 지원 형식	3.37	4	3.44	4	.07	2.210*	0.25	7
8. 후원금 관리 시스템을 통한 지원 형식	3.15	5	3.17	7	.02	.787	0.07	8

*p<.05, **p<.01, ***p<.001

다음으로 개척교회를 위한 지원 내용 중 교회개척 지원 형식 영역을 The Locus for Focus 모델을 활용하여 우선순위를 분석한 결과는 [그림 IV-11]과 〈표 IV-47〉과 같다. 개척교회를 위한 지원 내용 중 국내전도위원회 지원 영역의 미래 중요 수준 평균은 3.24이며, 불일치 수준(미래 중요 수준-현재 선호 수준)의 평균은 0.14로 나타났다. 미래 중요 수준의 평균을 x축으로, 불일치 수준의 평균을 y축으로 하여 사사분면으로 나타냈을 때, 제1사분면의 영역에 속하는 사역 영역들은 목회자들이 중요하게 생각하고 미래 중요 수준과 현재 선호 수준 간의 불일치 수준이 높은 것들로 최우선적으로 요구되는 교회개척 지원 형식 영역들이다.

분석 결과, 제1사분면에 포함되는 사역 영역은 2.노회 중심의 지원 형식이었고, 제2사분면에는 1.현재(국내전도위원회) 지원 형식, 6.개인 관계 중심의 지원 형식이었으며, 제3사분면에는 4.개척 지역별 지원금 차등 지급 형식, 8.후원금 관리 시스템을 통한 지원 형식이었고, 제4사분면에는 3.총회 차원에서의 지원 형식, 5.개체 교회의 지원 형식, 7.개척 지원 전담 전문 기구를 통한 지원 형식이었다.

[그림 IV-11] The Locus for Focus모델을 활용한 교회개척 지원 형식 영역 우선순위(전체)

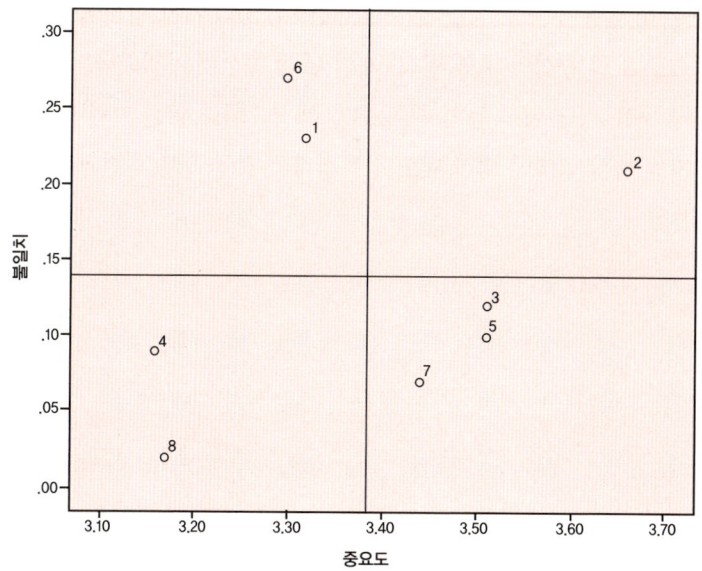

〈표 IV-47〉 The Locus for Focus 모델을 활용한 교회개척 지원 형식 영역 우선순위(전체)

분면	교회개척 지원 형식 영역 우선순위
1사분면(고고)	2. 노회 중심의 지원 형식
2사분면(저고)	1. 현재(국내전도위원회) 지원 형식, 6. 개인 관계 중심의 지원 형식
3사분면(저저)	4. 개척 지역별 지원금 차등 지급 형식, 8. 후원금 관리 시스템을 통한 지원 형식
4사분면(고저)	3. 총회 차원에서의 지원 형식, 5. 개체 교회의 지원 형식, 7. 개척 지원 전담 전문 기구를 통한 지원 형식

2) 대도시

개척교회를 위한 지원 내용 중 교회개척 지원 형식 영역에 대한 대도시 목회자의 요구도를 분석하기 위해서 대응표본 t검정을 실시하였다. 현재 선호 수준에서는 노회 중심의 지원 형식의 평균이 가장 높았고, 미래 중요 수준도 노회 중심의 지원 형식의 평균이 가장 높았다. 대응표본 t검정 결과, 8개 분야 중 4개 분야에서 통계적으로 유의미한 차이를 보였다. 본 연구에서 요구는 현재 선호 수준과 미래 중요 수준 간의 차이로 정의되기 때문에 4개 분야에서 갭gap으로써 요구가 존재하였다. 다음으로 Borich의 요구도 값을 산출한 결과 가장 높은 요구도 값은 현재(국내전도위원회) 지원 형식이었으며, 그 다음 순으로 노회 중심의 지원 형식, 개인 관계 중심의 지원 형식, 개척 지역별 지원금 차등 지급 형식 등의 순이었다. 개척교회를 위한 지원 내용 중 교회개척 지원 형식 영역에 대한 대도시 목회자의 요구도 분석 결과는 〈표 IV-48〉과 같다.

〈표 IV-48〉 교회개척 지원 형식 영역 요구도(대도시)

구분	현재선호도		미래중요도		차이		요구도	순위
	평균	순위	평균	순위	평균	t값		
1. 현재(국내전도위원회) 지원 형식	3.05	8	3.29	7	.25	3.947***	0.81	1
2. 노회 중심의 지원 형식	3.50	1	3.70	1	.20	3.896***	0.74	2
3. 총회 차원에서의 지원 형식	3.37	2	3.47	2	.10	1.491	0.35	5
4. 개척 지역별 지원금 차등 지급 형식	3.22	5	3.34	5	.12	2.060*	0.39	4
5. 개체 교회의 지원 형식	3.35	3	3.42	3	.07	1.209	0.25	6
6. 개인 관계 중심의 지원 형식	3.13	6	3.34	5	.21	2.733**	0.70	3
7. 개척 지원 전담 전문 기구를 통한 지원 형식	3.33	4	3.40	4	.07	1.646	0.25	7
8. 후원금 관리 시스템을 통한 지원 형식	3.09	7	3.15	8	.06	1.352	0.20	8

*$p<.05$, **$p<.01$, ***$p<.001$

다음으로 개척교회를 위한 지원 내용 중 교회개척 지원 형식 영역을 The Locus for Focus 모델을 활용하여 우선순위를 분석한 결과는 [그림 IV-12]와 〈표 IV-49〉와 같다. 개척교회를 위한 지원 내용 중 국내전도위원회 지원 영역의 미래 중요 수준 평균은 3.25이며, 불일치 수준(미래 중요 수준-현재 선호 수준)의 평균은 0.14로 나타났다. 미래 중요 수준의 평균을 x축으로, 불일치 수준의 평균을 y축으로 하여 사사분면으로 나타냈을 때, 제1사분면의 영역에 속하는 사역 영역들은 대도시 목회자들이 중요하게 생각하고 미래 중요 수준과 현재 선호 수준 간의 불일치 수준이 높은 것들로 최우선적으로 요구되는 교회개척 지원 형식 영역들이다.

분석 결과, 제1사분면에 포함되는 사역 영역은 2.노회 중심의 지원 형식이었고, 제2사분면에는 1.현재(국내전도위원회) 지원 형식, 6.개인 관계 중심의 지원 형식이었으며, 제3사분면에는 4.개척 지역별 지원금 차등 지급 형식,

8.후원금 관리 시스템을 통한 지원 형식이었고, 제4사분면에는 3.총회 차원에서의 지원 형식, 5.개체 교회의 지원 형식, 7.개척 지원 전담 전문 기구를 통한 지원 형식이었다.

[그림 IV-12] The Locus for Focus모델을 활용한 교회개척 지원 형식 영역 우선순위(대도시)

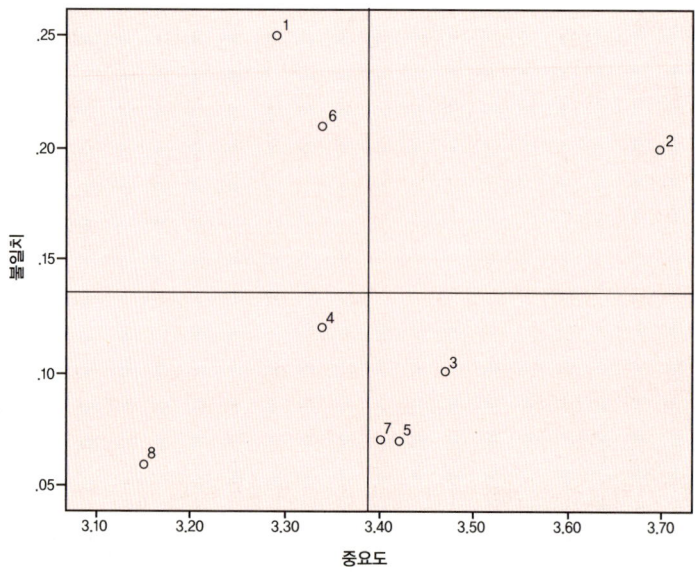

〈표 IV-49〉 The Locus for Focus 모델을 활용한 교회개척 지원 형식 영역 우선순위(대도시)

분면	교회개척 지원 형식 영역 우선순위
1사분면(고고)	2. 노회 중심의 지원 형식
2사분면(저고)	1. 현재(국내전도위원회) 지원 형식, 6. 개인 관계 중심의 지원 형식
3사분면(저저)	4. 개척 지역별 지원금 차등 지급 형식, 8. 후원금 관리 시스템을 통한 지원 형식
4사분면(고저)	3. 총회 차원에서의 지원 형식, 5. 개체 교회의 지원 형식, 7. 개척 지원 전담 전문 기구를 통한 지원 형식

3) 50만 이상 중소도시

개척교회를 위한 지원 내용 중 교회개척 지원 형식 영역에 대한 50만 이상 중소도시 목회자의 요구도를 분석하기 위해서 대응표본 t검정을 실시하였다. 현재 선호 수준에서는 노회 중심의 지원 형식의 평균이 가장 높았고, 미래 중요 수준도 노회 중심의 지원 형식의 평균이 가장 높았다. 대응표본 t검정 결과, 8개 분야 중 1개 분야에서 통계적으로 유의미한 차이를 보였다. 본 연구에서 요구는 현재 선호 수준과 미래 중요 수준 간의 차이로 정의되기 때문에 1개 분야에서 갭gap으로써 요구가 존재하였다. 다음으로 Borich의 요구도 값을 산출한 결과 가장 높은 요구도 값은 노회 중심의 지원 형식이었으며, 그다음 순으로 현재(국내전도위원회) 지원 형식, 개인 관계 중심의 지원 형식, 개척 지역별 지원금 차등 지급 형식 등의 순이었다. 개척교회를 위한 지원 내용 중 교회개척 지원 형식 영역에 대한 50만 이상 중소도시 목회자의 요구도 분석 결과는 〈표 IV-50〉과 같다.

〈표 IV-50〉 교회개척 지원 형식 영역 요구도(50만 이상 중소도시)

구분	현재선호도		미래중요도		차이		요구도	순위
	평균	순위	평균	순위	평균	t값		
1. 현재(국내전도위원회) 지원 형식	2.69	8	2.95	7	.26	2.423*	0.77	2
2. 노회 중심의 지원 형식	3.50	1	3.71	1	.21	1.937	0.80	1
3. 총회 차원에서의 지원 형식	3.31	3	3.31	3	.00	0.000	0.00	6
4. 개척 지역별 지원금 차등 지급 형식	2.74	7	2.79	8	.05	1.432	0.13	4
5. 개체 교회의 지원 형식	3.33	2	3.36	2	.02	.167	0.08	5
6. 개인 관계 중심의 지원 형식	2.81	6	3.02	6	.21	1.937	0.65	3
7. 개척 지원 전담 전문 기구를 통한 지원 형식	3.29	4	3.26	4	-.02	-.216	-0.08	7
8. 후원금 관리 시스템을 통한 지원 형식	3.19	5	3.12	5	-.07	-.723	-0.22	8

*$p<.05$, **$p<.01$, ***$p<.001$

다음으로 개척교회를 위한 지원 내용 중 교회개척 지원 형식 영역을 The Locus for Focus 모델을 활용하여 우선순위를 분석한 결과는 [그림 IV-13]과 〈표 IV-51〉과 같다. 개척교회를 위한 지원 내용 중 국내전도위원회 지원 영역의 미래 중요 수준 평균은 3.11이며, 불일치 수준(미래 중요 수준-현재 선호 수준)의 평균은 0.08로 나타났다. 미래 중요 수준의 평균을 x축으로, 불일치 수준의 평균을 y축으로 하여 사사분면으로 나타냈을 때, 제1사분면의 영역에 속하는 사역 영역들은 50만 이상 중소도시 목회자들이 중요하게 생각하고 미래 중요 수준과 현재 선호 수준 간의 불일치 수준이 높은 것들로 최우선적으로 요구되는 교회개척 지원 형식 영역들이다.

분석 결과, 제1사분면에 포함되는 사역 영역은 2.노회 중심의 지원 형식이었고, 제2사분면에는 1.현재(국내전도위원회) 지원 형식, 6.개인 관계 중심의 지원 형식이었으며, 제3사분면에는 4.개척 지역별 지원금 차등 지급 형식, 8.후원금 관리 시스템을 통한 지원 형식이었고, 제4사분면에는 3.총회 차원에서의 지원 형식, 5.개체 교회의 지원 형식, 7.개척 지원 전담 전문 기구를 통한 지원 형식이었다.

[그림 IV-13] The Locus for Focus모델을 활용한 교회개척 지원 형식 영역 우선순위
(50만 이상 중소도시)

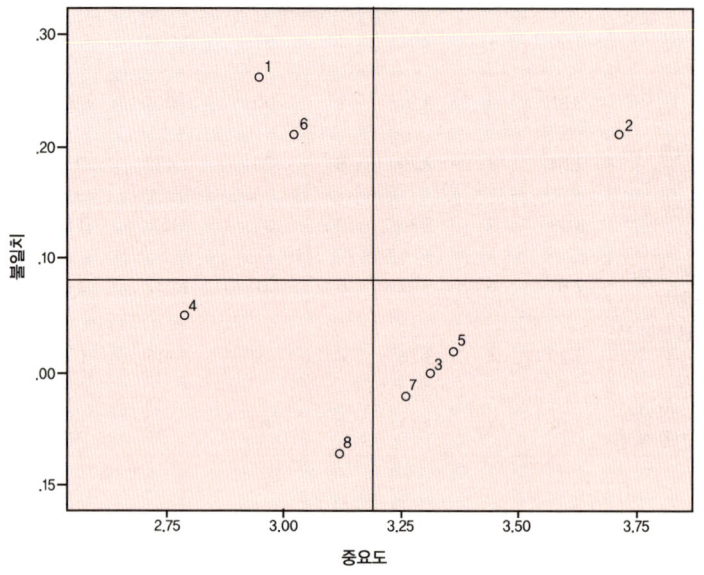

〈표 IV-51〉 The Locus for Focus 모델을 활용한 교회개척 지원 형식 영역 우선순위
(50만 이상 중소도시)

분면	교회개척 지원 형식 영역 우선순위
1사분면(고고)	2. 노회 중심의 지원 형식
2사분면(저고)	1. 현재(국내전도위원회) 지원 형식, 6. 개인 관계 중심의 지원 형식
3사분면(저저)	4. 개척 지역별 지원금 차등 지급 형식, 8. 후원금 관리 시스템을 통한 지원 형식
4사분면(고저)	3. 총회 차원에서의 지원 형식, 5. 개체 교회의 지원 형식, 7. 개척 지원 전담 전문기구를 통한 지원 형식

4) 50만 미만 중소도시

개척교회를 위한 지원 내용 중 교회개척 지원 형식 영역에 대한 50만 미만 중소도시 목회자의 요구도를 분석하기 위해서 대응표본 t검정을 실시하였다. 현재 선호 수준에서는 개체 교회의 지원 형식의 평균이 가장 높았고, 미래 중요 수준도 개체 교회의 지원 형식의 평균이 가장 높았다. 대응표본 t검정 결과, 8개 분야 중 4개 분야에서 통계적으로 유의미한 차이를 보였다. 본 연구에서 요구는 현재 선호 수준과 미래 중요 수준 간의 차이로 정의되기 때문에 4개 분야에서 갭gap으로써 요구가 존재하였다. 다음으로 Borich의 요구도 값을 산출한 결과 가장 높은 요구도 값은 개인 관계 중심의 지원 형식이었으며, 그다음 순으로 노회 중심의 지원 형식, 개체 교회의 지원 형식, 현재(국내전도위원회) 지원 형식 등의 순이었다. 개척교회를 위한 지원 내용 중 교회개척 지원 형식 영역에 대한 50만 미만 중소도시 목회자의 요구도 분석 결과는 〈표 IV-52〉와 같다.

<표 IV-52> 교회개척 지원 형식 영역 요구도(50만 미만 중소도시)

구분	현재선호도		미래중요도		차이		요구도	순위
	평균	순위	평균	순위	평균	t값		
1. 현재(국내전도위원회) 지원 형식	3.31	5	3.51	3	.19	2.418*	0.68	4
2. 노회 중심의 지원 형식	3.37	2	3.61	2	.24	2.640*	0.86	2
3. 총회 차원에서의 지원 형식	3.37	2	3.45	4	.07	.928	0.26	6
4. 개척 지역별 지원금 차등 지급 형식	2.96	7	3.00	8	.04	.652	0.13	7
5. 개체 교회의 지원 형식	3.40	1	3.63	1	.22	2.204*	0.81	3
6. 개인 관계 중심의 지원 형식	2.93	8	3.33	6	.40	3.712***	1.34	1
7. 개척 지원 전담 전문 기구를 통한 지원 형식	3.34	4	3.45	4	.10	1.839	0.36	5
8. 후원금 관리 시스템을 통한 지원 형식	3.10	6	3.07	7	-.03	-.704	-0.09	8

*$p<.05$, **$p<.01$, ***$p<.001$

다음으로 개척교회를 위한 지원 내용 중 교회개척 지원 형식 영역을 The Locus for Focus 모델을 활용하여 우선순위를 분석한 결과는 [그림 IV-14]와 〈표 IV-53〉과 같다. 개척교회를 위한 지원 내용 중 국내전도위원회 지원 영역의 미래 중요 수준 평균은 3.22이며, 불일치 수준(미래 중요 수준-현재 선호 수준)의 평균은 0.16으로 나타났다. 미래 중요 수준의 평균을 x축으로, 불일치 수준의 평균을 y축으로 하여 사사분면으로 나타냈을 때, 제1사분면의 영역에 속하는 사역 영역들은 50만 미만 중소도시 목회자들이 중요하게 생각하고 미래 중요 수준과 현재 선호 수준 간의 불일치 수준이 높은 것들로 최우선적으로 요구되는 교회개척 지원 형식 영역들이다.

분석 결과, 제1사분면에 포함되는 사역 영역은 1.현재(국내전도위원회) 지원 형식, 2.노회 중심의 지원 형식, 5.개체 교회의 지원 형식이었고, 제2사분면에는 6.개인 관계 중심의 지원 형식이었으며, 제3사분면에는 4.개척 지역별 지원금 차등 지급 형식, 8.후원금 관리 시스템을 통한 지원 형식이었고, 제4사분면에는 3.총회 차원에서의 지원 형식, 7.개척 지원 전담 전문 기구를 통한 지원 형식이었다.

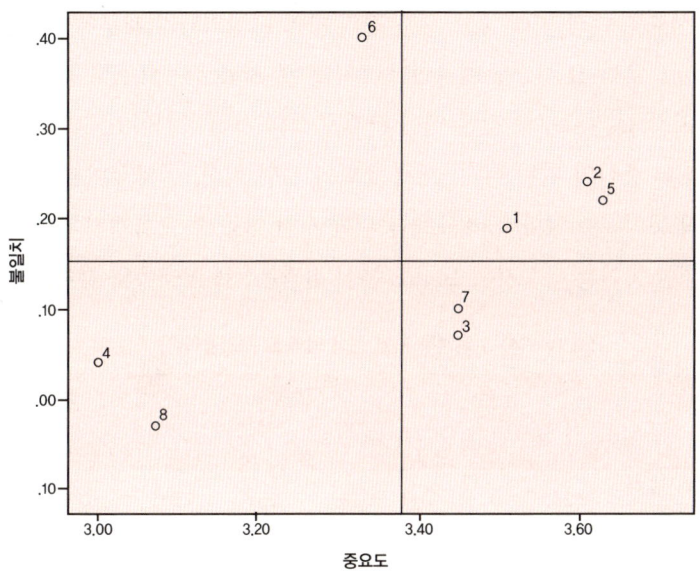

[그림 IV-14] The Locus for Focus모델을 활용한 교회개척 지원 형식 영역 우선순위 (50만 미만 중소도시)

〈표 IV-53〉 The Locus for Focus 모델을 활용한 교회개척 지원 형식 영역 우선순위 (50만 미만 중소도시)

분면	교회개척 지원 형식 영역 우선순위
1사분면(고고)	1. 현재(국내전도위원회) 지원 형식, 2. 노회 중심의 지원 형식, 5. 개체 교회의 지원 형식
2사분면(저고)	6. 개인 관계 중심의 지원 형식
3사분면(저저)	4. 개척 지역별 지원금 차등 지급 형식, 8. 후원금 관리 시스템을 통한 지원 형식
4사분면(고저)	3. 총회 차원에서의 지원 형식, 7. 개척 지원 전담 전문 기구를 통한 지원 형식

5) 농어촌

개척교회를 위한 지원 내용 중 교회개척 지원 형식 영역에 대한 농어촌 목회자의 요구도를 분석하기 위해서 대응표본 t검정을 실시하였다. 현재 선호 수준에서는 개체 교회의 지원 형식의 평균이 가장 높았고, 미래 중요 수준도 개체 교회의 지원 형식의 평균이 가장 높았다. 대응표본 t검정 결과, 8개 분야 중 4개 분야에서 통계적으로 유의미한 차이를 보였다. 본 연구에서 요구는 현재 선호 수준과 미래 중요 수준 간의 차이로 정의되기 때문에 4개 분야에서 갭gap으로써 요구가 존재하였다. 다음으로 Borich의 요구도 값을 산출한 결과 가장 높은 요구도 값은 개인 관계 중심의 지원 형식이었으며, 그다음 순으로 노회 중심의 지원 형식, 개체 교회의 지원 형식, 현재(국내전도위원회) 지원 형식 등의 순이었다. 개척교회를 위한 지원 내용 중 교회개척 지원 형식 영역에 대한 농어촌 목회자의 요구도 분석 결과는 〈표 Ⅳ-54〉와 같다.

〈표 Ⅳ-54〉 교회개척 지원 형식 영역 요구도(농어촌)

구분	현재선호도		미래중요도		차이		요구도	순위
	평균	순위	평균	순위	평균	t값		
1. 현재(국내전도위원회) 지원 형식	3.23	6	3.47	5	.23	1.855	0.81	3
2. 노회 중심의 지원 형식	3.38	4	3.60	4	.21	2.025	0.77	4
3. 총회 차원에서의 지원 형식	3.51	3	3.85	1	.34	2.774	1.31	1
4. 개척 지역별 지원금 차등 지급 형식	3.17	7	3.32	8	.15	1.550	0.49	5
5. 개체 교회의 지원 형식	3.64	1	3.68	2	.04	.496	0.16	8
6. 개인 관계 중심의 지원 형식	3.17	7	3.45	6	.28	2.295	0.95	2
7. 개척 지원 전담 전문 기구를 통한 지원 형식	3.57	2	3.68	2	.11	1.300	0.39	6
8. 후원금 관리 시스템을 통한 지원 형식	3.30	5	3.38	7	.09	1.663	0.29	7

*$p<.05$, **$p<.01$, ***$p<.001$

다음으로 개척교회를 위한 지원 내용 중 교회개척 지원 형식 영역을 The Locus for Focus 모델을 활용하여 우선순위를 분석한 결과는 [그림 IV-15]와 〈표 IV-55〉와 같다. 개척교회를 위한 지원 내용 중 국내전도위원회 지원 영역의 미래 중요 수준 평균은 3.37이며, 불일치 수준(미래 중요 수준-현재 선호 수준)의 평균은 0.18로 나타났다. 미래 중요 수준의 평균을 x축으로, 불일치 수준의 평균을 y축으로 하여 사사분면으로 나타냈을 때, 제1사분면의 영역에 속하는 사역 영역들은 농어촌 목회자들이 중요하게 생각하고 미래 중요 수준과 현재 선호 수준 간의 불일치 수준이 높은 것들로 최우선적으로 요구되는 교회개척 지원 형식 영역들이다.

분석 결과, 제1사분면에 포함되는 사역 영역은 2.노회 중심의 지원 형식, 3.총회 차원에서의 지원 형식이었고, 제2사분면에는 1.현재(국내전도위원회) 지원 형식, 6.개인 관계 중심의 지원 형식이었으며, 제3사분면에는 4.개척 지역별 지원금 차등 지급 형식, 8. 후원금 관리 시스템을 통한 지원 형식이었고, 제4사분면에는 5.개체 교회의 지원 형식, 7.개척 지원 전담 전문 기구를 통한 지원 형식이었다.

[그림 IV-15] The Locus for Focus모델을 활용한 교회개척 지원 형식 영역 우선순위(농어촌)

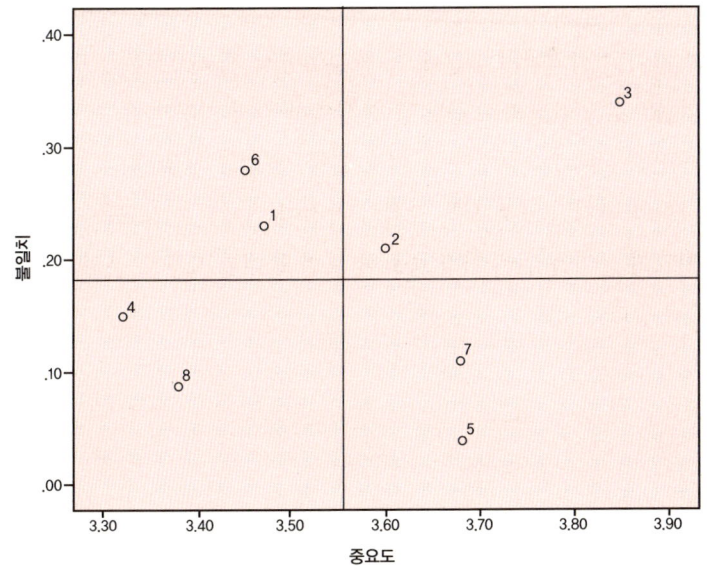

〈표 IV-55〉 The Locus for Focus 모델을 활용한 교회개척 지원 형식 영역 우선순위(농어촌)

분면	교회개척 지원 형식 영역 우선순위
1사분면(고고)	2. 노회 중심의 지원 형식, 3. 총회 차원에서의 지원 형식
2사분면(저고)	1. 현재(국내전도위원회) 지원 형식, 6. 개인 관계 중심의 지원 형식
3사분면(저저)	4. 개척 지역별 지원금 차등 지급 형식, 8. 후원금 관리 시스템을 통한 지원 형식
4사분면(고저)	5. 개체 교회의 지원 형식, 7. 개척 지원 전담 전문 기구를 통한 지원 형식

라. 개척교회 사역을 위해 가장 중요한 요인 요구도

1) 전체

개척교회 사역을 위해 가장 중요한 요인에 대한 요구도를 분석하기 위해서 대응표본 t검정을 실시하였다. 현재 선호 수준에서는 담임목사의 목회철학의 평균이 가장 높았고, 미래 중요 수준도 담임목사의 목회철학의 평균이 가장 높았다. 대응표본 t검정 결과, 20개 분야 중 16개 분야에서 통계적으로 유의미한 차이를 보였다. 본 연구에서 요구는 현재 선호 수준과 미래 중요 수준 간의 차이로 정의되기 때문에 16개 분야에서 갭gap으로써 요구가 존재하였다. 다음으로 Borich의 요구도 값을 산출한 결과 가장 높은 요구도 값은 전도 활동이었으며, 그다음 순으로 기도 활동, 평생교육(장노년 포함) 프로그램, 지역사회와 연계된 프로그램, 교회와 가정이 연계된 신앙교육 등의 순이었다. 개척교회 사역을 위해 가장 중요한 요인에 대한 요구도 분석 결과는 〈표 IV-56〉과 같다.

〈표 IV-56〉 개척교회 사역을 위해 가장 중요한 요인 요구도(전체)

구분	현재선호도		미래중요도		차이		요구도	순위
	평균	순위	평균	순위	평균	t값		
1. 담임목사의 리더십	4.16	3	4.26	3	.09	4.014***	0.40	7
2. 담임목사의 목회 철학	4.32	1	4.39	1	.07	2.747**	0.31	16
3. 교역자의 현장사역 전문성	4.15	4	4.16	4	.02	.458	0.06	20
4. 성도의 헌신	4.02	5	4.10	5	.09	2.651**	0.35	11
5. 성도의 개인적 요인(참여, 관심 등)	3.92	8	4.01	9	.09	2.681**	0.36	10
6. 교회학교 신앙양육 프로그램	3.89	10	3.97	10		2.879**	0.33	13
7. 국내전도위원회의 지원과 관심	3.58	16	3.64	17	.06	1.605	0.22	17
8. 전도 활동	3.87	11	4.02	8	.15	3.821***	0.62	1
9. 재정 지원	3.91	9	3.95	11	.05	1.124	0.18	18
10. 중대형교회의 관심	3.60	15	3.68	15	.09	2.355*	0.32	15
11. 총회 및 노회의 지원과 관심	3.78	12	3.86	12	.08	2.287*	0.32	14
12. 총회 산하 교육기관의 지원(총회교육원, SFC 등)	3.15	20	3.29	20	.14	3.492**	0.46	6
13. 심방 활동	3.63	14	3.72	14	.09	2.969**	0.35	12
14. 사역자를 위한 교육	3.48	18	3.59	19	.11	3.020**	0.39	8
15. 기도 활동	4.18	2	4.31	2	.13	5.022***	0.57	2
16. 교역자와 성도(부서) 간의 관계	3.97	7	4.06	7	.09	2.928**	0.38	9
17. 교회와 가정이 연계된 신앙교육	3.97	6	4.09	6	.12	3.826***	0.48	5
18. 평생교육(장노년 포함) 프로그램	3.50	17	3.65	16	.15	3.695***	0.56	3
19. 지역사회와 연계된 프로그램	3.47	19	3.63	18	.15	3.580***	0.56	4
20. 목회자 가족 지원	3.77	13	3.81	13	.04	1.043	0.14	19

*p<.05, **p<.01, ***p<.001

다음으로 개척교회 사역을 위해 가장 중요한 요인을 The Locus for Focus 모델을 활용하여 우선순위를 분석한 결과는 [그림 Ⅳ-16]과 〈표 Ⅳ-57〉과 같다. 개척교회 사역을 위해 가장 중요한 요인의 미래 중요 수준 평균은 3.18이며, 불일치 수준(미래 중요 수준-현재 선호 수준)의 평균은 0.08로 나타났다. 미래 중요 수준의 평균을 x축으로, 불일치 수준의 평균을 y축으로 하여 사사분면으로 나타냈을 때, 제1사분면의 영역에 속하는 사역 영역들은 목회자들이 중요하게 생각하고 미래 중요 수준과 현재 선호 수준 간의 불일치 수준이 높은 것들로 최우선적으로 요구되는 개척교회 사역을 위해 가장 중요한 요인들이다.

분석 결과, 제1사분면에 포함되는 사역 영역은 8.전도 활동, 15.기도 활동, 17.교회와 가정이 연계된 신앙교육이었고, 제2사분면에는 12.총회 산하 교육기관의 지원(총회교육원, SFC 등), 14.사역자를 위한 교육, 18.평생교육(장노년 포함) 프로그램, 19.지역사회와 연계된 프로그램이었으며, 제3사분면에는 7.국내전도위회의 지원과 관심, 10.중대형교회의 관심, 11.총회 및 노회의 지원과 관심, 13.심방 활동, 20.목회자 가족 지원이었고, 제4사분면에는 1.담임목사의 리더십, 2.담임목사의 목회철학, 3.교역자의 현장사역 전문성, 4.성도의 헌신, 5.성도의 개인적 요인(참여, 관심 등), 6.교회학교 신앙양육 프로그램, 9.재정 지원, 16.교역자와 성도(부서) 간의 관계였다.

[그림 IV-16] The Locus for Focus모델을 활용한 개척교회 사역을 위해 가장 중요한 요인 우선순위(전체)

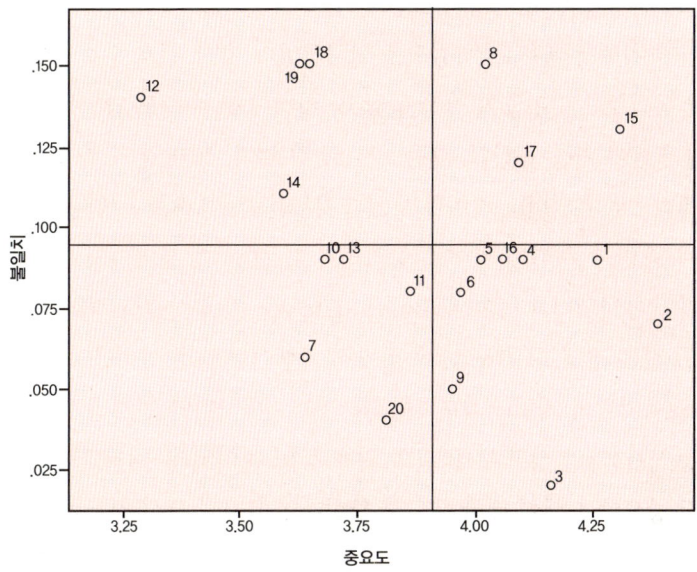

〈표 IV-57〉 The Locus for Focus 모델을 활용한 개척교회 사역을 위해 가장 중요한 요인 우선순위(전체)

분면	교회개척 지원 형식 영역 우선순위
1사분면(고고)	8. 전도 활동, 15. 기도 활동, 17. 교회와 가정이 연계된 신앙교육
2사분면(저고)	12. 총회 산하 교육기관의 지원(총회교육원, SFC 등), 14. 사역자를 위한 교육, 18. 평생교육(장노년 포함) 프로그램, 19. 지역사회와 연계된 프로그램
3사분면(저저)	7. 국내전도위원회의 지원과 관심, 10. 중대형교회의 관심, 11. 총회 및 노회의 지원과 관심, 13. 심방 활동, 20. 목회자 가족 지원
4사분면(고저)	1. 담임목사의 리더십, 2. 담임목사의 목회철학, 3. 교역자의 현장사역 전문성, 4. 성도의 헌신, 5. 성도의 개인적 요인(참여, 관심 등), 6. 교회학교 신앙양육 프로그램, 9. 재정 지원, 16. 교역자와 성도(부서) 간의 관계

2) 대도시

개척교회 사역을 위해 가장 중요한 요인에 대한 대도시 목회자의 요구도를 분석하기 위해서 대응표본 t검정을 실시하였다. 현재 선호 수준에서는 담임목사의 목회철학의 평균이 가장 높았고, 미래 중요 수준도 담임목사의 목회철학의 평균이 가장 높았다. 대응표본 t검정 결과, 20개 분야 중 8개 분야에서 통계적으로 유의미한 차이를 보였다. 본 연구에서 요구는 현재 선호 수준과 미래 중요 수준 간의 차이로 정의되기 때문에 8개 분야에서 갭gap으로써 요구가 존재하였다. 다음으로 Borich의 요구도 값을 산출한 결과 가장 높은 요구도 값은 평생교육(장노년 포함) 프로그램이었으며, 그다음 순으로 총회 산하 교육기관의 지원(총회교육원, SFC 등), 지역사회와 연계된 프로그램, 기도 활동, 교역자와 성도(부서) 간의 관계 등의 순이었다. 개척교회 사역을 위해 가장 중요한 요인에 대한 대도시 목회자의 요구도 분석 결과는 〈표 IV-58〉과 같다.

〈표 IV-58〉 개척교회 사역을 위해 가장 중요한 요인 요구도(대도시)

구분	현재선호도		미래중요도		차이		요구도	순위
	평균	순위	평균	순위	평균	t값		
1. 담임목사의 리더십	4.11	3	4.15	3	.05	1.215	0.19	13
2. 담임목사의 목회철학	4.22	1	4.31	1	.09	2.072	0.39	9
3. 교역자의 현장사역 전문성	3.99	4	4.05	5	.05	.865	0.22	12
4. 성도의 헌신	3.99	4	4.05	4	.06	1.021	0.26	11
5. 성도의 개인적 요인(참여, 관심 등)	3.93	6	3.95	8	.03	.479	0.11	15
6. 교회학교 신앙양육 프로그램	3.91	7	4.01	6	.10	2.152	0.40	8
7. 국내전도위원회의 지원과 관심	3.57	14	3.56	17	-.01	-.132	-0.03	19
8. 전도 활동	3.79	10	3.88	11	.09	1.451	0.35	10
9. 재정 지원	3.90	8	3.90	10	.00	0.000	0.00	18

10. 중대형교회의 관심	3.55	15	3.60	14	.05	.661	0.16	14
11. 총회 및 노회의 지원과 관심	3.79	10	3.80	12	.01	.145	0.03	17
12. 총회 산하 교육기관의 지원(총회교육원, SFC 등)	2.97	20	3.19	20	.22	2.881	0.70	2
13. 심방 활동	3.55	15	3.58	16	.03	.520	0.10	16
14. 사역자를 위한 교육	3.37	17	3.49	18	.12	1.804	0.41	7
15. 기도 활동	4.17	2	4.29	2	.12	2.793	0.51	4
16. 교역자와 성도(부서) 간의 관계	3.78	12	3.91	9	.13	2.198	0.50	5
17. 교회와 가정이 연계된 신앙교육	3.87	9	3.99	7	.12	2.564	0.47	6
18. 평생교육(장노년 포함) 프로그램	3.37	17	3.59	15	.22	2.924	0.78	1
19. 지역사회와 연계된 프로그램	3.31	19	3.49	18	.18	2.863	0.63	3
20. 목회자 가족 지원	3.72	13	3.72	13	-.01	-.123	-0.03	20

$*p<.05, **p<.01, ***p<.001$

다음으로 개척교회 사역을 위해 가장 중요한 요인을 The Locus for Focus 모델을 활용하여 우선순위를 분석한 결과는 [그림 IV-17]과 〈표 IV-59〉와 같다. 개척교회 사역을 위해 가장 중요한 요인의 미래 중요 수준 평균은 3.18이며, 불일치 수준(미래 중요 수준-현재 선호 수준)의 평균은 0.08로 나타났다. 미래 중요 수준의 평균을 x축으로, 불일치 수준의 평균을 y축으로 하여 사사분면으로 나타냈을 때, 제1사분면의 영역에 속하는 사역 영역들은 목회자들이 중요하게 생각하고 미래 중요 수준과 현재 선호 수준 간의 불일치 수준이 높은 것들로 대도시 목회자가 최우선적으로 요구하는 개척교회 사역을 위해 가장 중요한 요인들이다.

분석 결과, 제1사분면에 포함되는 사역 영역은 2.담임목사의 목회철학,

6.교회학교 신앙양육 프로그램, 8.전도 활동, 15.기도 활동, 16.교역자와 성도(부서) 간의 관계, 17.교회와 가정이 연계된 신앙교육이었고, 제2사분면에는 12.총회 산하 교육기관의 지원(총회교육원, SFC 등), 14.사역자를 위한 교육, 18.평생교육(장노년 포함) 프로그램, 19.지역사회와 연계된 프로그램이었으며, 제3사분면에는 7.국내전도위회의 지원과 관심, 10.중대형교회의 관심, 11.총회 및 노회의 지원과 관심, 13.심방 활동, 20.목회자 가족 지원이었고, 제4사분면에는 1.담임목사의 리더십, 3.교역자의 현장사역 전문성,

[그림 IV-17] The Locus for Focus모델을 활용한 개척교회 사역을 위해 가장 중요한 요인 우선순위(대도시)

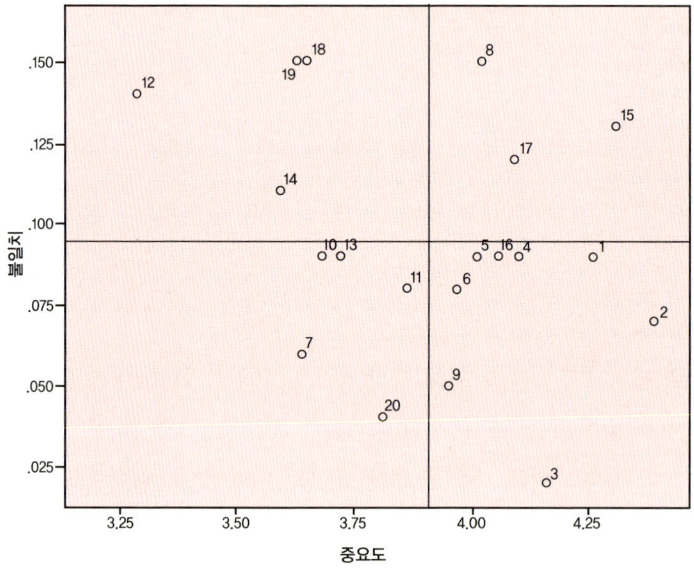

<표 IV-59> The Locus for Focus 모델을 활용한 개척교회 사역을 위해 가장 중요한 요인 우선순위(대도시)

분면	교회개척 지원 형식 영역 우선순위
1사분면(고고)	2. 담임목사의 목회철학, 6. 교회학교 신앙양육 프로그램, 8. 전도 활동, 15. 기도 활동, 16. 교역자와 성도(부서) 간의 관계, 17. 교회와 가정이 연계된 신앙교육
2사분면(저고)	12. 총회 산하 교육기관의 지원(총회교원원, SFC 등), 14. 사역자를 위한 교육, 18. 평생교육(장노년 포함) 프로그램, 19. 지역사회와 연계된 프로그램
3사분면(저저)	7. 국내전도위원회의 지원과 관심, 10. 중대형교회의 관심, 11. 총회 및 노회의 지원과 관심, 13. 심방 활동, 20. 목회자 가족 지원
4사분면(고저)	1. 담임목사의 리더십, 3. 교역자의 현장사역 전문성, 4. 성도의 헌신, 5. 성도의 개인적 요인(참여, 관심 등), 9. 재정 지원

3) 50만 이상 중소도시

개척교회 사역을 위해 가장 중요한 요인에 대한 50만 이상 중소도시 목회자의 요구도를 분석하기 위해서 대응표본 t검정을 실시하였다. 현재 선호 수준에서는 담임목사의 목회철학의 평균이 가장 높았고, 미래 중요 수준도 담임목사의 목회철학의 평균이 가장 높았다. 대응표본 t검정 결과, 20개 분야 중 3개 분야에서 통계적으로 유의미한 차이를 보였다. 본 연구에서 요구는 현재 선호 수준과 미래 중요 수준 간의 차이로 정의되기 때문에 3개 분야에서 갭gap으로써 요구가 존재하였다. 다음으로 Borich의 요구도 값을 산출한 결과 가장 높은 요구도 값은 지역사회와 연계된 프로그램이었으며, 그다음 순으로 심방 활동, 성도의 헌신, 기도 활동, 성도의 개인적 요인(참여, 관심 등) 등의 순이었다. 개척교회 사역을 위해 가장 중요한 요인에 대한 50만 이상 중소도시 목회자의 요구도 분석 결과는 〈표 IV-60〉과 같다.

<표 IV-60> 개척교회 사역을 위해 가장 중요한 요인 요구도(50만 이상 중소도시)

구분	현재선호도		미래중요도		차이		요구도	순위
	평균	순위	평균	순위	평균	t값		
1. 담임목사의 리더십	4.36	3	4.45	2	.10	2.077*	0.42	9
2. 담임목사의 목회 철학	4.52	1	4.62	1	.10	2.077*	0.44	8
3. 교역자의 현장사역 전문성	4.43	2	4.33	3	-.10	-1.432	-0.41	20
4. 성도의 헌신	4.00	9	4.17	6	.17	2.011	0.69	3
5. 성도의 개인적 요인(참여, 관심 등)	4.07	5	4.21	5	.14	1.776	0.60	5
6. 교회학교 신앙양육 프로그램	3.74	12	3.79	15	.05	.703	0.18	15
7. 국내전도위원회의 지원과 관심	3.45	17	3.50	18	.05	.573	0.17	16
8. 전도 활동	4.07	5	4.14	7	.07	1.355	0.30	11
9. 재정 지원	4.05	7	4.00	10	-.05	-.422	-0.19	19
10. 중대형교회의 관심	3.57	16	3.64	16	.07	1.776	0.26	12
11. 총회 및 노회의 지원과 관심	3.69	13	3.83	11	.14	1.776	0.55	7
12. 총회 산하 교육기관의 지원(총회교육원, SFC 등)	2.90	20	2.95	20	.05	.628	0.14	17
13. 심방 활동	3.62	14	3.81	13	.19	2.238*	0.73	2
14. 사역자를 위한 교육	3.43	18	3.43	19	.00	0.000	0.00	18
15. 기도 활동	4.10	4	4.24	4	.14	2.614	0.61	4
16. 교역자와 성도(부서) 간의 관계	4.05	7	4.10	8	.05	.495	0.20	13
17. 교회와 가정이 연계된 신앙교육	3.93	10	4.07	9	.14	1.635	0.58	6
18. 평생교육(장노년 포함) 프로그램	3.43	18	3.55	17	.12	1.094	0.42	10
19. 지역사회와 연계된 프로그램	3.62	14	3.83	11	.21	1.776	0.82	1
20. 목회자 가족 지원	3.76	11	3.81	13	.05	.813	0.18	14

*p<.05, **p<.01, ***p<.001

다음으로 개척교회 사역을 위해 가장 중요한 요인을 The Locus for Focus 모델을 활용하여 우선순위를 분석한 결과는 [그림 Ⅳ-18]과 〈표 Ⅳ-61〉과 같다. 개척교회 사역을 위해 가장 중요한 요인의 미래 중요 수준 평균은 3.92며, 불일치 수준(미래 중요 수준-현재 선호 수준)의 평균은 0.08로 나타났다. 미래 중요 수준의 평균을 x축으로, 불일치 수준의 평균을 y축으로 하여 사사분면으로 나타냈을 때, 제1사분면의 영역에 속하는 사역 영역들은 목회자들이 중요하게 생각하고 미래 중요 수준과 현재 선호 수준 간의 불일치 수준이 높은 것들로 50만 이상 중소도시 목회자가 최우선적으로 요구하는 개척교회 사역을 위해 가장 중요한 요인들이다.

분석 결과, 제1사분면에 포함되는 사역 영역은 1.담임목사의 리더십, 2.담임목사의 목회철학, 4.성도의 헌신, 5.성도의 개인적 요인(참여, 관심 등), 15.기도 활동, 17.교회와 가정이 연계된 신앙교육이었고, 제2사분면에는 11.총회 및 노회의 지원과 관심, 13.심방 활동, 18.평생교육(장노년 포함) 프로그램, 19.지역사회와 연계된 프로그램이었으며, 제3사분면에는 6.교회학교 신앙양육 프로그램, 7.국내전도위원회의 지원과 관심, 10.중대형교회의 관심, 12.총회 산하 교육기관의 지원(총회교육원, SFC 등), 14.사역자를 위한 교육, 20.목회자 가족 지원이었고, 제4사분면에는 3.교역자의 현장사역 전문성, 8.전도 활동, 9.재정 지원, 16.교역자와 성도(부서) 간의 관계이었다.

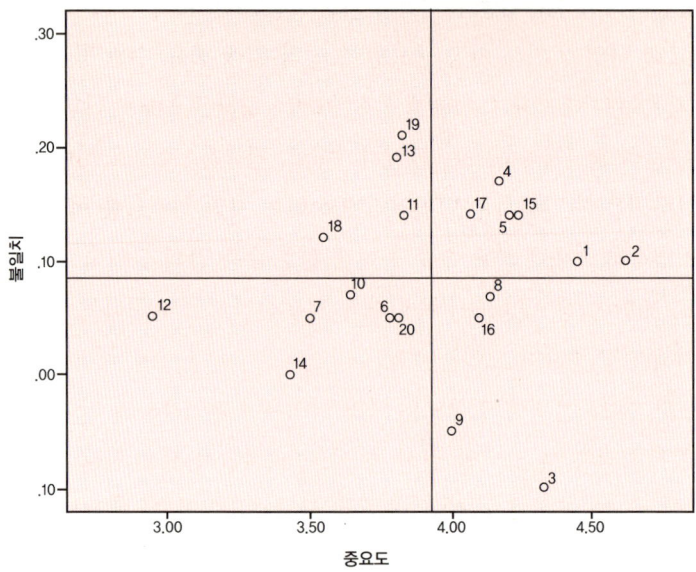

[그림 IV-18] The Locus for Focus모델을 활용한 개척교회 사역을 위해 가장 중요한 요인 우선순위(50만 이상 중소도시)

〈표 IV-61〉 The Locus for Focus 모델을 활용한 개척교회 사역을 위해 가장 중요한 요인 우선순위(50만 이상 중소도시)

분면	교회개척 지원 형식 영역 우선순위
1사분면(고고)	1. 담임목사의 리더십, 2. 담임목사의 목회철학, 4. 성도의 헌신, 5. 성도의 개인적 요인(참여, 관심 등), 15. 기도 활동, 17. 교회와 가정이 연계된 신앙교육
2사분면(저고)	11. 총회 및 노회의 지원과 관심, 13. 심방 활동, 18. 평생교육(장노년 포함) 프로그램, 19. 지역사회와 연계된 프로그램
3사분면(저저)	6. 교회학교 신앙양육 프로그램, 7. 국내전도위회의 지원과 관심, 10. 중대형교회의 관심, 12. 총회 산하 교육기관의 지원(총회교육원, SFC 등), 14. 사역자를 위한 교육, 20. 목회자 가족 지원
4사분면(고저)	3. 교역자의 현장사역 전문성, 8. 전도 활동, 9. 재정 지원, 16. 교역자와 성도(부서) 간의 관계

4) 50만 미만 중소도시

개척교회 사역을 위해 가장 중요한 요인에 대한 50만 미만 중소도시 목회자의 요구도를 분석하기 위해서 대응표본 t검정을 실시하였다. 현재 선호 수준에서는 담임목사의 목회철학의 평균이 가장 높았고, 미래 중요 수준도 담임목사의 목회철학의 평균이 가장 높았다. 대응표본 t검정 결과, 20개 분야 중 11개 분야에서 통계적으로 유의미한 차이를 보였다. 본 연구에서 요구는 현재 선호 수준과 미래 중요 수준 간의 차이로 정의되기 때문에 11개 분야에서 갭gap으로써 요구가 존재하였다. 다음으로 Borich의 요구도 값을 산출한 결과 가장 높은 요구도 값은 전도 활동이었으며, 그다음 순으로 기도 활동, 총회 및 노회의 지원과 관심, 지역사회와 연계된 프로그램, 중대형교회의 관심 등의 순이었다. 개척교회 사역을 위해 가장 중요한 요인에 대한 50만 미만 중소도시 목회자의 요구도 분석 결과는 〈표 IV-62〉와 같다.

〈표 IV-62〉 개척교회 사역을 위해 가장 중요한 요인 요구도(50만 미만 중소도시)

구분	현재선호도		미래중요도		차이		요구도	순위
	평균	순위	평균	순위	평균	t값		
1. 담임목사의 리더십	4.16	3	4.28	3	.12	2.389*	0.51	13
2. 담임목사의 목회철학	4.36	1	4.39	1	.03	.469	0.13	19
3. 교역자의 현장사역 전문성	4.16	3	4.16	5	.00	0.000	0.00	20
4. 성도의 헌신	4.01	7	4.07	8	.06	1.425	0.24	18
5. 성도의 개인적 요인(참여, 관심 등)	3.79	11	3.96	11	.16	2.267**	0.65	6
6. 교회학교 신앙양육 프로그램	3.87	8	3.96	11	.09	1.936	0.35	16
7. 국내전도위원회의 지원과 관심	3.69	13	3.81	14	.12	1.819	0.45	14
8. 전도 활동	3.84	10	4.12	7	.28	3.253*	1.17	1
9. 재정 지원	3.85	9	3.99	9	.13	1.493	0.54	10
10. 중대형교회의 관심	3.52	16	3.70	15	.18	2.180	0.66	5

11. 총회 및 노회의 지원과 관심	3.79	11	3.97	10	.18	2.548*	0.71	3
12. 총회 산하 교육기관의 지원(총회교육원, SFC 등)	3.37	19	3.52	20	.15	2.192*	0.53	11
13. 심방 활동	3.55	15	3.70	15	.15	2.443*	0.55	9
14. 사역자를 위한 교육	3.49	17	3.66	17	.16	2.371*	0.60	8
15. 기도 활동	4.19	2	4.36	2	.16	2.633*	0.72	2
16. 교역자와 성도 (부서) 간의 관계	4.06	6	4.15	6	.09	1.936	0.37	15
17. 교회와 가정이 연계된 신앙교육	4.12	5	4.27	4	.15	2.307*	0.64	7
18. 평생교육(장노년 포함) 프로그램	3.49	17	3.58	18	.09	1.229	0.32	17
19. 지역사회와 연계된 프로그램	3.34	20	3.54	19	.19	2.028*	0.69	4
20. 목회자 가족 지원	3.69	13	3.82	13	.13	2.405*	0.51	12

$*p<.05, **p<.01, ***p<.001$

다음으로 개척교회 사역을 위해 가장 중요한 요인을 The Locus for Focus 모델을 활용하여 우선순위를 분석한 결과는 [그림 IV-19]와 〈표 IV-63〉과 같다. 개척교회 사역을 위해 가장 중요한 요인의 미래 중요 수준 평균은 3.95이며, 불일치 수준(미래 중요 수준-현재 선호 수준)의 평균은 0.13으로 나타났다. 미래 중요 수준의 평균을 x축으로, 불일치 수준의 평균을 y축으로 하여 사사분면으로 나타냈을 때, 제1사분면의 영역에 속하는 사역 영역들은 목회자들이 중요하게 생각하고 미래 중요 수준과 현재 선호 수준 간의 불일치 수준이 높은 것들로 50만 미만 중소도시 목회자가 최우선적으로 요구하는 개척교회 사역을 위해 가장 중요한 요인들이다.

분석 결과, 제1사분면에 포함되는 사역 영역은 5.성도의 개인적 요인(참여, 관심 등), 8.전도 활동, 11.총회 및 노회의 지원과 관심, 15.기도 활동, 17.교회와 가정이 연계된 신앙교육이었고, 제2사분면에는 10.중대형교회의 관심,

12.총회 산하 교육기관의 지원(총회교육원, SFC 등), 13.심방 활동, 14.사역자를 위한 교육, 19.지역사회와 연계된 프로그램, 20.목회자 가족 지원이었으며, 제3사분면에는 7.국내전도위회의 지원과 관심, 18.평생교육(장노년 포함) 프로그램이었고, 제4사분면에는 1.담임목사의 리더십, 2.담임목사의 목회철학, 3.교역자의 현장사역 전문성, 4.성도의 헌신, 6.교회학교 신앙양육 프로그램, 9.재정 지원, 16.교역자와 성도(부서) 간의 관계이었다.

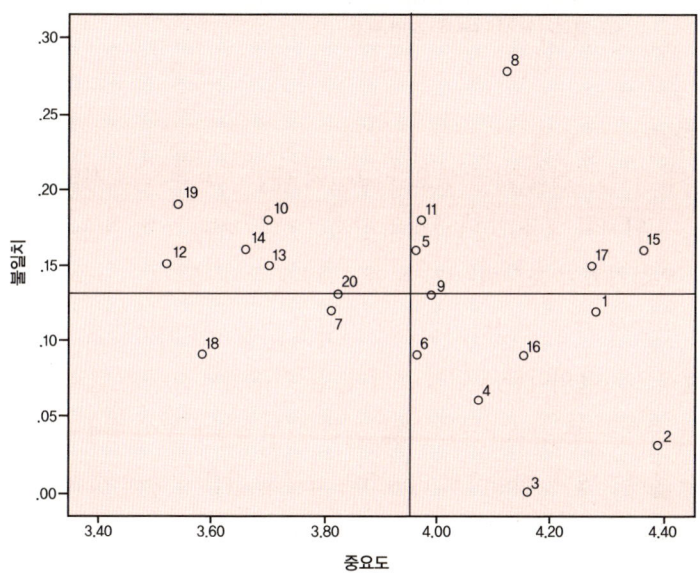

[그림 IV-19] The Locus for Focus모델을 활용한 개척교회 사역을 위해 가장 중요한 요인 우선순위(50만 미만 중소도시)

〈표 IV-63〉 The Locus for Focus 모델을 활용한 개척교회 사역을 위해
가장 중요한 요인 우선순위(50만 미만 중소도시)

분면	교회개척 지원 형식 영역 우선순위
1사분면(고고)	5. 성도의 개인적 요인(참여, 관심 등), 8. 전도 활동, 11. 총회 및 노회의 지원과 관심, 15. 기도 활동, 17. 교회와 가정이 연계된 신앙교육
2사분면(저고)	10. 중대형교회의 관심, 12. 총회 산하 교육기관의 지원(총회교육원, SFC 등), 13. 심방 활동, 14. 사역자를 위한 교육, 19. 지역사회와 연계된 프로그램, 20. 목회자 가족 지원
3사분면(저저)	7. 국내전도위원회의 지원과 관심, 18. 평생교육(장노년 포함) 프로그램
4사분면(고저)	1. 담임목사의 리더십, 2. 담임목사의 목회철학, 3. 교역자의 현장사역 전문성, 4. 성도의 헌신, 6. 교회학교 신앙양육 프로그램, 9. 재정 지원, 16. 교역자와 성도(부서) 간의 관계

5) 농어촌

개척교회 사역을 위해 가장 중요한 요인에 대한 농어촌 목회자의 요구도를 분석하기 위해서 대응표본 t검정을 실시하였다. 현재 선호 수준에서는 담임목사의 목회철학의 평균이 가장 높았고, 미래 중요 수준도 담임목사의 목회철학의 평균이 가장 높았다. 대응표본 t검정 결과, 20개 분야 중 3개 분야에서 통계적으로 유의미한 차이를 보였다. 본 연구에서 요구는 현재 선호 수준과 미래 중요 수준 간의 차이로 정의되기 때문에 3개 분야에서 갭gap으로써 요구가 존재하였다. 다음으로 Borich의 요구도 값을 산출한 결과 가장 높은 요구도 값은 전도 활동이었으며, 그다음 순으로 담임목사의 리더십, 국내전도위원회의 지원과 관심, 평생교육(장노년 포함) 프로그램, 기도 활동 등의 순이었다. 개척교회 사역을 위해 가장 중요한 요인에 대한 농어촌 목회자의 요구도 분석 결과는 〈표 IV-64〉와 같다.

〈표 IV-64〉 개척교회 사역을 위해 가장 중요한 요인 요구도(농어촌)

구분	현재선호도		미래중요도		차이		요구도	순위
	평균	순위	평균	순위	평균	t값		
1. 담임목사의 리더십	4.11	5	4.28	3	.17	3.072**	0.73	2
2. 담임목사의 목회철학	4.34	1	4.40	1	.06	1.771	0.28	11
3. 교역자의 현장사역 전문성	4.23	2	4.28	3	.04	1.000	0.18	16
4. 성도의 헌신	4.09	6	4.19	6	.11	1.700	0.45	6
5. 성도의 개인적 요인(참여, 관심 등)	3.94	10	4.02	10	.09	1.663	0.34	9
6. 교회학교 신앙양육 프로그램	4.00	8	4.06	9	.06	.771	0.26	13
7. 국내전도위원회의 지원과 관심	3.55	19	3.70	19	.15	2.195*	0.55	3
8. 전도 활동	3.91	11	4.11	7	.19	1.705	0.79	1
9. 재정 지원	3.89	14	4.00	11	.11	1.219	0.43	7
10. 중대형교회의 관심	3.83	16	3.89	15	.06	1.353	0.25	14
11. 총회 및 노회의 지원과 관심	3.83	16	3.89	15	.06	.903	0.25	14
12. 총회 산하 교육기관의 지원(총회교육원, SFC 등)	3.49	20	3.51	20	.02	.299	0.07	18
13. 심방 활동	3.91	11	4.00	11	.09	1.430	0.34	10
14. 사역자를 위한 교육	3.74	18	3.85	18	.11	1.945	0.41	8
15. 기도 활동	4.23	2	4.34	2	.11	2.340*	0.46	5
16. 교역자와 성도(부서) 간의 관계	4.19	4	4.26	5	.06	1.137	0.27	12
17. 교회와 가정이 연계된 신앙교육	4.04	7	4.09	8	.04	.703	0.17	17
18. 평생교육(장노년 포함) 프로그램	3.87	15	4.00	11	.13	1.771	0.51	4
19. 지역사회와 연계된 프로그램	3.91	11	3.89	15	-.02	-.256	-0.08	20
20. 목회자 가족 지원	4.00	8	4.00	11	.00	0.000	0.00	19

*$p<.05$, **$p<.01$, ***$p<.001$

다음으로 개척교회 사역을 위해 가장 중요한 요인을 The Locus for Focus 모델을 활용하여 우선순위를 분석한 결과는 [그림 IV-20]과 〈표 IV-65〉와 같다. 개척교회 사역을 위해 가장 중요한 요인의 미래 중요 수준 평균은 4.04이며, 불일치 수준(미래 중요 수준-현재 선호 수준)의 평균은 0.08로 나타났다. 미래 중요 수준의 평균을 x축으로, 불일치 수준의 평균을 y축으로 하여 사사분면으로 나타냈을 때, 제1사분면의 영역에 속하는 사역 영역들은 목회자들이 중요하게 생각하고 미래 중요 수준과 현재 선호 수준 간의 불일치 수준이 높은 것들로 농어촌 목회자가 최우선적으로 요구하는 개척교회 사역을 위해 가장 중요한 요인들이다.

분석 결과, 제1사분면에 포함되는 사역 영역은 1.담임목사의 리더십, 4.성도의 헌신, 8.전도 활동, 15.기도 활동이었고, 제2사분면에는 5.성도의 개인적 요인(참여, 관심 등), 7.국내전도위원회의 지원과 관심, 9.재정 지원, 13.심방 활동, 14.사역자를 위한 교육, 18.평생교육(장노년 포함) 프로그램이었으며, 제3사분면에는 10.중대형교회의 관심, 11.총회 및 노회의 지원과 관심, 12.총회 산하 교육기관의 지원(총회교육원, SFC 등), 19.지역사회와 연계된 프로그램, 20.목회자 가족 지원이었고, 제4사분면에는 2.담임목사의 목회철학, 3.교역자의 현장사역 전문성, 6.교회학교 신앙양육 프로그램, 16.교역자와 성도(부서) 간의 관계, 17.교회와 가정이 연계된 신앙교육이었다.

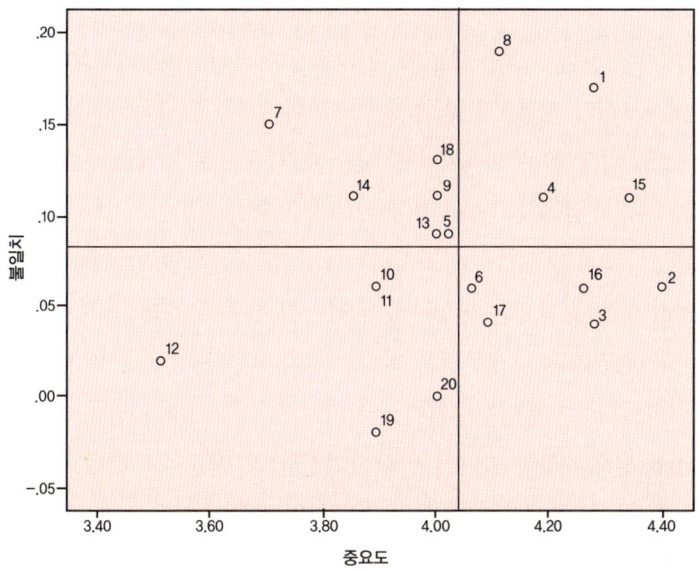

[그림 IV-20] The Locus for Focus모델을 활용한 개척교회 사역을 위해 가장 중요한 요인 우선순위(농어촌)

〈표 IV-65〉 The Locus for Focus 모델을 활용한 개척교회 사역을 위해 가장 중요한 요인 우선순위(농어촌)

분면	교회개척 지원 형식 영역 우선순위
1사분면(고고)	1. 담임목사의 리더십, 4. 성도의 헌신, 8. 전도 활동, 15. 기도 활동
2사분면(저고)	5. 성도의 개인적 요인(참여, 관심 등), 7. 국내전도위원회의 지원과 관심, 9. 재정 지원, 13. 심방 활동, 14. 사역자를 위한 교육, 18. 평생교육(장노년 포함) 프로그램
3사분면(저저)	10. 중대형교회의 관심, 11. 총회 및 노회의 지원과 관심, 12. 총회 산하 교육기관의 지원(총회교육원, SFC 등), 19. 지역사회와 연계된 프로그램, 20. 목회자 가족 지원
4사분면(고저)	2. 담임목사의 목회철학, 3. 교역자의 현장사역 전문성, 6. 교회학교 신앙양육 프로그램, 16. 교역자와 성도(부서) 간의 관계, 17. 교회와 가정이 연계된 신앙교육

6. 개척교회가 성장하지 않는 요인

개척교회가 성장하지 않는 요인에 대해 조사한 결과는 다음과 같다.

첫째, 개척교회가 성장하지 않는 요인 1순위에서는 담임목사의 리더십 부족이 17.3%로 가장 높은 비율로 나타났으며, 다음으로 기독교에 대한 부정적 인식(15.0%), 담임목사의 목회철학의 부재(13.5%), 전도하지 않음(7.9%), 사역의 전문성 부족(7.1%) 등의 순으로 나타났다. 노회권역별로 살펴보면, 충청권과 대경강원권, 동남권은 담임목사의 리더십 부족이 가장 높은 비율로 나타났으며, 수도권과 호남제주권은 기독교에 대한 부정적 인식의 비율이 가장 높게 나타났다. 노회 행정구역별로 살펴보면, 대도시와 50만 미만 중소도시, 농어촌은 담임목사의 리더십 부족이 가장 높은 비율로 나타났으며, 50만 이상 중소도시는 기독교에 대한 부정적 인식의 비율이 가장 높게 나타났다.

둘째, 개척교회가 성장하지 않는 요인 2순위에서는 담임목사의 리더십 부족이 15.4%로 가장 높은 비율로 나타났으며, 다음으로 기독교에 대한 부정적 인식(12.4%), 사역의 전문성 부족(10.9%), 교회 시설환경(10.2%), 재정의 부족(8.6%) 등의 순으로 나타났다. 노회권역별로 살펴보면, 수도권과 호남제주권, 대경강원권은 담임목사의 리더십 부족이 가장 높은 비율로 나타났으며, 충청권은 담임목사의 목회철학의 부재와 성도와의 관계성이 가장 높은 비율로 나타났고, 동남권은 기독교에 대한 부정적 인식의 비율이 가장 높게 나타났다. 노회 행정구역별로 살펴보면, 대도시와 50만 이상 중소도시는 담임목사의 리더십 부족이 가장 높은 비율로 나타났으며, 50만 미만 중소도시와 농어촌은 사역의 전문성 부족의 비율이 가장 높게 나타났다.

개척교회가 성장하지 않는 요인에 대한 1순위와 2순위는 〈표 IV-66〉, 〈표 IV-67〉과 같다.

<표 IV-66> 개척교회가 성장하지 않는 요인(순위)

	담임 목사의 리더십 부족	담임 목사의 목회철학의 부재	사역의 전문성 부족	성도의 낮은 헌신도	성도 외의 관계성	개척교회 프로그램에 대한 이해의 부족	기독교에 대한 부정적 인식	출산율의 저하	총회 및 노회의 관심부족	전도 하지 않음	재정의 부족	지역 사회의 특성	코로나19 팬데믹	가족 간의 관계성	교회 시설 환경
수도권	15.1%	15.1%	5.7%	7.5%	1.9%	5.7%	18.9%	0.0%	0.0%	3.8%	11.3%	3.8%	1.9%	0.0%	9.4%
충청권	33.3%	0.0%	16.7%	0.0%	0.0%	8.3%	8.3%	0.0%	0.0%	0.0%	0.0%	0.0%	0.0%	0.0%	33.3%
호남권/제주권	3.2%	19.4%	6.5%	6.5%	6.5%	0.0%	19.4%	3.2%	0.0%	16.1%	6.5%	6.4%	3.2%	0.0%	3.2%
대경/강원권	21.3%	19.1%	6.4%	4.3%	6.4%	0.0%	6.4%	2.1%	4.1%	10.6%	8.5%	6.4%	4.3%	0.0%	4.3%
동남권	18.7%	10.6%	7.3%	5.7%	.8%	6.5%	16.3%	.8%	4.1%	7.3%	4.9%	5.5%	6.5%	.8%	4.1%
노회권역 대도시	18.2%	12.7%	7.3%	10.0%	1.8%	1.8%	15.5%	.9%	1.8%	9.1%	5.5%	5.5%	3.6%	0.0%	6.4%
50만 이상 중소도시	4.8%	14.3%	2.4%	4.8%	2.4%	9.5%	19.0%	0.0%	4.8%	4.8%	11.9%	2.4%	4.8%	0.0%	14.3%
50만 미만 중소도시	19.4%	11.9%	7.5%	1.5%	4.5%	3.0%	19.4%	0.0%	1.5%	6.0%	6.0%	9.0%	6.0%	0.0%	4.5%
노회행정구역 농어촌	23.4%	17.0%	10.6%	2.1%	2.1%	8.5%	4.3%	2.1%	2.1%	10.6%	6.4%	2.1%	4.3%	2.1%	2.1%
총계	17.3%	13.5%	7.1%	5.6%	2.6%	4.5%	15.0%	.8%	2.3%	7.9%	6.8%	5.3%	4.5%	.4%	6.4%

IV. 데이터 분석하기

〈표 IV-67〉 개척교회가 성장하지 않는 요인(2순위)

	담임목사의 리더십 부족	담임목사의 목회철학의 부재	사역의 전문성 부족	성도의 낮은 헌신도	성도 외의 관계성	개척교회 프로그램의 흥미 없음	기독교에 대한 부정적 인식	출산 줄음의 관심부족	총회 및 노회의 관심부족	전도 하지 않음	재정의 부족	지역 사회의 특성	코로나19 팬데믹 관계성	가족 과의 관계성	교회 시설 환경
수도권	18.9%	5.7%	5.7%	7.5%	3.8%	3.8%	11.3%	0.0%	5.7%	11.3%	3.8%	1.9%	3.8%	11.3%
충청권	0.0%	25.0%	8.3%	0.0%	25.0%	8.3%	8.3%	8.3%	0.0%	8.3%	0.0%	8.3%	0.0%	0.0%
호남/제주권	22.6%	0.0%	16.1%	6.5%	0.0%	0.0%	9.7%	3.2%	0.0%	9.7%	3.2%	3.2%	0.0%	0.0%	9.7%
대경/경영권	17.0%	4.3%	17.0%	10.6%	6.4%	4.3%	10.6%	0.0%	0.0%	4.3%	8.5%	6.4%	2.1%	0.0%	8.5%
동남권	13.0%	8.1%	9.8%	2.4%	3.3%	5.7%	14.6%	3.3%	1.6%	4.19%	9.8%	7.39%	4.9%	.8%	11.4%
대도시	20.0%	8.2%	7.3%	2.7%	5.5%	6.4%	16.4%	1.8%	0.0%	4.5%	7.3%	1.8%	2.7%	.9%	14.5%
50만 이상 중소도시	19.0%	0.0%	7.1%	9.5%	2.4%	2.4%	16.7%	4.8%	7.1%	2.4%	14.3%	4.8%	2.4%	2.4%	4.8%
50만 미만 중소도시	9.0%	7.5%	13.4%	6.0%	6.0%	3.0%	7.5%	3.0%	1.5%	6.0%	6.0%	9.0%	10.4%	0.0%	11.9%
농어촌	10.6%	8.5%	19.1%	6.4%	2.1%	4.3%	6.4%	0.0%	2.1%	8.5%	10.6%	12.8%	4.3%	2.1%	2.1%
행정구역	0.0%	0.0%	7.1%	9.5%	2.4%	2.4%	16.7%	4.8%	7.1%	2.4%	14.3%	4.8%	2.4%	2.4%	4.8%
총계	15.4%	6.8%	10.9%	5.3%	4.5%	4.5%	12.4%	2.3%	1.9%	5.3%	8.6%	6.0%	4.9%	1.1%	10.2%

150

7. 개척교회 목회자들의 '일상생활, 목회활동, 경건생활 전반의 만족도'에 대한 집단 간 차이분석

개척교회 목회자들의 '일상생활, 목회활동, 경건생활 전반의 만족도'에 대한 수준별 집단 간 차이 분석을 살펴보면 일상생활 만족도에 있어서 통계적으로 유의미한($p<.05$) 인식의 차이를 확인할 수 있다. 이는 행정구역에 따른 개척목회자들의 인식의 차이를 보여주고 있으며, 중소도시의 개척교회 목회자들의 일상생활만족도가 통계적으로 유의미하게 낮음을 보여준다. 그 외 목회활동과 경건생활 만족도에 있어서는 집단 간의 차이가 무의미하게 나타나고 있어 행정 구역에 관계없이 유사한 인식을 지니고 있음을 보여준다. 다만 전체적으로 해당 인식 3점대를 보이고 있어 다소 부정적인 인식 수준에서 행정구역별 유사한 인식을 지니고 있음을 시사하고 있다. 또한 전체적으로 사후검증(Scheffe 검증)에서는 통계적으로 집단 간의 차이가 나타나고 있지 않았다.

〈표 IV-68〉'일상생활, 목회활동, 경건생활'에 대한 행정 구역별 집단 간 차이

구분		평균	표준편차	F
일상생활 만족도	대도시	3.88	.974	2.727*
	50만이상 중소도시	3.52	.943	
	50만이하 중소도시	3.55	.875	
	농어촌	3.87	.992	
목회활동 만족도	대도시	3.66	1.060	1.417
	50만이상 중소도시	3.60	.989	
	50만이하 중소도시	3.43	.857	
	농어촌	3.81	.970	
개인경건생활 만족도	대도시	3.47	.916	.215
	50만이상 중소도시	3.55	.993	
	50만이하 중소도시	3.45	.724	
	농어촌	3.40	.825	

*$p<.05$, 사후검증은 Scheffe 검증

V.
정책적 시사점

정책적 시사점: 개척교회를 위한 정책 방향

본 절에서는 개척교회 목회사역을 위한 6대 영역과 34개의 정책 과제를 제안하여 본다. 이는 이번 분석 작업과 함께 그동안 개척교회를 포함한 소형교회에 대한 정성 및 정량적 데이터 분석 결과를 종합하여 구성한 것이다.[27] 특별히 정책과제의 경우 구현 수준 및 단위에 있어 교단 차원, 노회 차원, 개체 교회 차원, 개인 차원으로 구분되며, 항목에 따라 구현 수준에 차이가 있다. 구체적으로 해당 내용은 다음과 같다.

〈표 V-1〉 6대 영역과 34개의 정책 과제

영역	정책 과제	구현 수준 및 단위			
		교단	노회	교회	개인
행정 영역	총회 산하 소형교회 전담(교회개척 및 미조직교회 사역 포함)지원부서 구축(연구 전문인력 배치 포함)	O	O		
	소형교회(개척 및 미조직교회 포함) 관리 및 지원을 위한 노회의 역할 강화	O	O		
	총회 국내전도위원회 및 노회 기반의 체계적인 자매교회 체결 방안 구축	O	O		
	교단의 체계적인 개척교회 사역자 교육, 선발, 및 관리 시스템 구축	O			
	교단 내 유관 기관의 연계(국내전도위원회, 농어촌위원회, 다문화위원회 등)	O			

---

[27] 그동안 한국연구재단(정부) 연구사업을 수주하여 '한국 교회의 진입장벽', '산간벽지 소재 교회', '소형교회 은퇴 목회자', '한국 교회학교 교사의 딜레마', '한국 교회의 청소년 수련회' 등의 연구를 철저한 개혁신학의 입장에서 심도 있게 분석하였으며, 그 외에도 한국 교회를 향한 한국복음주의신학회의 대규모 설문조사, 고신총회의 미조직교회 설문조사, 총회교육원의 교단 정책 보고서, 고신총회 농어촌위원회 연구들을 수행하면서 정량 및 정성적인 데이터에 기초한 한국 교회 분석을 지속적으로 수행하고 있다. 해당 자료들의 경우 대부분 한국학술지인용색인(https://www.kci.go.kr/kciportal/main.kci) 및 국내 다양한 학술검색사이트에서 확인할 수 있으며, 교단 정책 자료의 경우 교단에서 출판한 자료집을 통해서 확인 가능하다. 또한 정책 과제들의 경우 이현철(2020). 중소형교회가 어떻게 생존할 수 있는가?: 중소형교회 생존 및 사역을 위한 정책 제안. 서울포럼 (2020.10.08.) 강연 자료 및 고신총회 농어촌위원회 전문위원 자료에 기초하여 구성되었다.

영역	항목				
인적 지원 영역	목회자 자녀의 교육(중·고 및 대학)지원을 위한 방안	O	O	O	O
	개척교회 파견 전도사제 및 인턴제 추진	O	O	O	
	구성원(목회자, 성도)들을 위한 목회상담 프로그램	O	O		
	체계적인 은퇴 준비(4가지 측면: 재정, 시간활용, 정체성 및 사명, 건강관리)		O	O	O
	개척교회를 향한 평신도 파견 네트워크 개발	O	O		
	개척교회를 위한 교회교육 전문가 지원사업	O	O		
	목회자 부재 중소형교회를 향한 목회자 네트워크 추진(은퇴목회자 연계 포함)	O	O	O	
재정 영역	미조직교회의 재정에 대한 정기적인 감사제도 도입	O	O		
	개척 및 중소형교회의 부채 위험 및 부담 완화 지원방안 구축	O			
	개척교회 및 중소형교회 지원을 위한 기금 확보	O			
	목회자 및 은퇴목회자 최저생활비 지원을 위한 기금 마련	O			
교육 영역	지역별/특성별 담임목회자를 위한 교육 훈련 프로그램 개발(전도 전략 포함)	O	O		
	목회자 아내들을 위한 교육 프로그램의 개발	O	O		
	개척 및 중소형교회 직분자 및 교사양육 프로그램의 개발	O	O		
	교회교육기관을 위한 교육 전문컨설팅 프로그램 개발	O			
	신학대학 및 신학대학원 재학생의 목회 전문성 강화 및 지원	O			
	개척 및 중소형교회를 향한 총회교육원의 안정적인 활동을 위한 지원(영상/비대면 컨텐츠 개발 포함)	O			
	포스트 코로나 사역을 위한 개인별/소그룹별 신앙교육 프로그램 및 컨텐츠 개발	O	O		
	포스트 코로나에 따른 가정 내 신앙교육 강조	O	O	O	O
	목회자들을 위한 설교 컨설팅 지원	O			O
	표준화된 교육과정 운영(수련회 및 교사강습회 포함) 및 개척교회의 특화된 교육과정 제공	O	O		
환경 풍토 영역	개척 및 중소형교회 목회자 및 사모들을 위한 커뮤니티 환경 구축		O		
	대형교회의 '성장과 나눔'의 성숙한 사역 태도 확립	O		O	O
	개척 및 중소형교회 성도들을 위한 격려와 지원	O		O	O
	개척 및 중소형교회 부흥과 성장에 대한 비전 고취	O		O	O
	중소형교회 지원 및 교회개척과 관련된 연구 지원	O			
	교회사역 내 신학 및 교단 정체성 강화를 통한 특화된 사역 강조	O		O	O
통합 (합병) 영역	총회와 노회의 지도 체제 내 교회통합 조정위원회 및 커뮤니티 구축	O		O	
	교회통합을 위한 모델 개발(중형교회-소형교회 통합형, 소형교회-소형교회 통합형, 공간 공유형, 사역 집중 및 공유형, 담임 순환제 등)	O	O		

가. 행정 영역

행정 영역은 중소형교회의 사역 지원을 위한 교단 및 노회 차원의 행정적인 지원을 의미하는 것으로서 이를 위하여 "총회 산하 소형교회 전담(교회개척 및 미조직교회 사역 포함) 지원부서 구축(연구 전문인력 배치 포함), 소형교회(개척 및 미조직교회 포함) 관리 및 지원을 위한 노회의 역할 강화, 총회 국내전도본부 및 노회 기반의 체계적인 자매교회 체결 방안 구축, 교단의 체계적인 개척교회 사역자 교육, 선발 및 관리 시스템 구축, 교단 내 유관 기관의 연계(국내전도위원회, 농어촌위원회, 다문화위원회 등)" 등을 제안하는 바이다. 현재 고신총회는 국내전도위원회와 농어촌위원회를 중심으로 관련 사역을 역동적으로 수행하고 있으나 체계적인 연구와 전략적 지원이기보다는 세미나와 행사에 기반한 목회자 위로와 섬김에 집중된 것이 사실이다. 물론 해당 사역 역시 현 시점에서 필요하고 유의미한 활동으로 볼 수 있으나 체계적인 중소형교회 지원을 위한 종합적인 행정 플랫폼 체제를 갖추고, 이와 관련된 전문성있는 접근과 분석이 요청되는 바이다. 더불어 교회개척과 관련된 사역자 교육, 선발, 관리도 함께 다루어져야 할 것이며, 교회 개척을 위한 예산지원과 교회설립과 개척의 차원을 넘어 '조직교회'로 성장을 위한 안정적인 후속 작업도 이루어질 수 있는 접근이 요청된다.

특별히 이와 관련하여 개척 및 소형교회의 안정적인 자립과 성장을 위한 전제조건 그리고 정책 추진의 효과적인 체제로써 종합적인 콘트롤 타워 control tower가 필요하다고 판단한다. 현재 고신총회는 교단 전체와 각 개체교회의 다양한 사역을 지원하는 대규모의 전담 조직체들과 상설기구들을 운영하고 있는데, 대표적으로 교육 영역은 총회교육원, 선교 영역은 KPM 등과 같은 추진체제들이 존재하고 있다. 하지만 안타깝게도 교단 내 개체 교회의 자립과 성장을 지원하는 전문적인 전담 조직체는 전혀 없는 상태이며, 교단 산하 위원회들의 사역 활동 속에서 파편적으로/피상적으로 확인되고 있을 뿐이다. 물론 현재 국내전도위원회와 농어촌위원회의 헌신적인 사역과 활동을 통해서 소형교회를 지원하는 의미 있는 활동들이 이루어져 오고 있다. 하지만 정책 추진체제로서의 안정적인 지원과 활동을 위한 체계적인/전문적인 기구의 역할을 수행하는 데 한계가 있었다. 또한 해당 위원회의 활동이 지속적으로 수행되지 못하고, 연차에 따라 담당자들이 변경됨에 있어 업무와 지원의 연속성이 떨어지고 있는 것이 사실이다. 그러므로 콘트롤 타워와 같은 전담 추진체제를 마련하여 개척 및 소형교회의 안정적인 자립·성장과 관련된 사역 본연의 의미에 집중하고, 이를 위한 전담 인력을 배치하여 지속적/연속적으로 지원 사역이 이루어질 수 있도록 해야 할 것이다. 더불어 현재 해당 조직과 추진체제와 관련된 교단 내 연구와 담론이 형성되지 않았기에 이를 구성하고 개발하기 위한 기초연구와 공개 토론회와 같은 활동들이 이루어져야 할 것이다.

나. 인적지원 영역

인적지원 영역은 중소형교회의 목회자와 구성원들의 역량개선과 사역 임파워먼트 측면의 지원을 의미한다. 이를 위하여 "목회자 자녀의 교육(중·고 및 대학) 지원을 위한 방안, 개척교회 파견 전도사제 및 인턴제 추진, 구성원(목회자, 성도)들을 위한 목회상담 프로그램, 체계적인 은퇴 준비(4가지 측면: 재정, 시간활용, 정체성 및 사명, 건강관리), 개척교회를 향한 평신도 파견 네트워크 개발, 개척교회를 위한 교회교육 전문가 지원사업, 목회자 부재 중소형교회를 향한 목회자 네트워크 추진(은퇴목회자 연계 포함)"을 제안하는 바이다. 중소형교회는 인적자원의 구조적인 한계로 인하여 많은 어려움을 경험하고 있다. 목회자들의 탈진은 인적자원의 한계로 인해 나타나고 있으며, 이에 대한 '파견 전도사제 및 인턴제'와 '목회자 네트워크' 추진의 경우 현실적인 문제 해결 방안이 될 수 있을 것이다. 더불어 목회자 및 가족 자체를 위한 지원도 진행된다면 좀 더 안정적인 상황 속에서 사역에 집중하며, 중소형교회의 성장을 도모할 수 있을 것이다. 한편, 중소형교회 목회자들의 체계적인 은퇴 준비도 부재하고 있는 상황이며, 이에 대한 구체적인 전략과 연구들이 수행될 필요가 있다.

다. 재정 영역

재정 영역은 중소형교회의 재정 확보 및 재정 관리 측면에 대한 지원을 의미한다. 이를 위하여 "미조직교회의 재정에 대한 정기적인 감사제도 도입, 개척 및 중소형교회의 부채 위험 및 부담 완화 지원방안 구축, 개척 및 중소형교회 지원을 위한 기금 확보, 목회자 및 은퇴목회자 최저생활비 지원을 위한 기금 마련"을 제안하는 바이다. 현장 목회자들의 개척 및 중소형교회 사역은 재정적인 문제와 맞닿아 있다. 안정적인 사역을 위해서는 안정적인 재정 운영과 확보도 필수적인 것이 사실이다. 하지만 중소형교회는 재정적인 어려움으로 인해 교회의 존립 자체를 고민하고 있으며, 재정 수입의 상당수는 월세와 사역운영비로 지출되고 있어 목회자들의 생계나 현실적인 필요들을 충분하게 담보하지 못하고 있다.

라. 교육 영역

교육 영역은 개척 및 소형교회의 교육 인프라를 확충하고, 지원하기 위한 측면이다. 이는 중소형교회 단위별로 수행하기에는 어려움도 존재하고 있어 교단과 노회의 적극적인 지원이 필요한 영역이다. 이와 관련하여 "지역별/특성별 담임목회자를 위한 교육 훈련 프로그램 개발(전도 전략 포함), 목회자 아내들을 위한 교육 프로그램의 개발, 개척 및 중소형교회 직분자 및 교사양육 프로그램의 개발, 교회교육기관을 위한 교육 전문컨설팅 프로그램 개발, 신학대학 및 신학대학원 재학생의 목회 전문성 강화 및 지원, 개척 및 중소형 교회를 향한 총회교육원의 안정적인 활동을 위한 지원(영상/비대면 컨텐츠 개발 포함), 포스트 코로나 사역을 위한 개인별/소그룹별 신앙교육 프로그램 및 컨텐츠 개발, 포스트 코로나에 따른 가정 내 신앙교육 강조, 목회자들을 위한 설교 컨설팅 지원, 표준화된 교육과정 운영(수련회 및 교사강습회 포함) 및 중소형교회의 특화된 교육과정 제공"을 제안하는 바이다. 교육 영역은 초기 인프라 구축에 많은 시간과 노력이 투입되며, 기본적인 인적 자원도 갖추고 있어야 가능한 일이다. 하지만 개척 및 중소형교회의 경우 전술한 맥락에서 기능적인 충족이 어려우므로 교단과 노회 차원의 지원이 요청된다. 다행히 고신교회는 교단 산하 총회교육원을 통해 질적으로 우수한 교육활동을 수행할 수 있는 인프라를 구축하고 있는데, 앞으로 총회교육원을 중심으로 한 중소형교회 집중 관리 전략도 구체적으로 논의해보아야 할 것이다. 이를 위해서는 총회교육원 내 중소형교회 지원을 위한 연구전문성을 갖춘 R&D센터 추진, 교회교육 컨설팅 확대, 교회 평가프로그램을 통한 환류 체제 등도 구축되어야 할 것이며, 이와 관련하여 총회교육원의 인적 및 물적 확충을 위한 지원도 시급히 요청되는 바이다.

마. 환경 풍토 영역

환경 풍토 영역은 개척 및 중소형교회의 안정적인 사역을 위한 구성원 인식 개선과 교단 및 교계의 지원적 분위기(풍토) 형성 측면을 의미한다. 이를 위하여 "개척 및 중소형교회 목회자 및 사모들을 위한 커뮤니티 환경 구축, 대형교회의 '성장과 나눔'의 성숙한 사역 태도 확립, 개척 및 중소형교회 성도들을 위한 격려와 지원, 개척 및 중소형교회 부흥과 성장에 대한 비전 고취, 개척 및 중소형교회 지원 및 교회개척과 관련된 연구 지원, 교회사역 내 신학 및 교단 정체성 강화를 통한 특화된 사역 강조"를 제안하는 바이다. 교단 내 개척 및 중소형교회의 사역을 이해하고 그들의 절박한 상황을 공감하여 공동체성을 회복하는 것은 미약하지만 중소형교회 사역자들에게 큰 힘이 될 것이며, 개척 및 중소형교회의 변함없는 가치를 격려하는 계기가 될 것이다. 더불어 중소형교회 목회자들이 고신교회의 정체성과 개혁신앙에 기반한 특화되고 구별된 사역을 '자신감있게' 수행해나갈 수 있도록 지원하는 분위기가 된다면 교단 색채가 사라지고 있는 한국 교회 내 유의미한 반향(反響)을 불러일으킬 수 있을 것으로 예상한다.

바 통합(합병)[28] 영역

통합(합병) 영역은 개척 및 중소형교회의 실제적인 사역의 전환과 안정적인 변화를 지원하는 측면을 의미한다. 이를 위하여 "총회와 노회의 지도 체제 내 교회통합(합병) 조정위원회 및 커뮤니티 구축, 교회통합을 위한 모델 개발(중형교회-소형교회 통합형, 소형교회-소형교회 통합형, 공간 공유형, 사역 집중 및 공유형, 담임 순환제 등)"을 제안한다. 최근 한국 교회 내 교회 간 통합은 실제적으로 나타나고 있는 사역 현장의 모습이며, 이에 대한 면밀한 검토와 분석이 요청된다. 교회론적으로 교회 간 통합은 가능하며, 현재 제도적으로도 기능적인 교회 간 통합이 수행될 수 있다. 역사적으로도 교회 간 통합은 이루어져 왔으며, 그것의 순기능은 다양한 수준에서 확인될 수 있을 것이

---

28 소형교회의 통폐합과 관련된 긴급한 논의 속에서 한국 교회와 신학계는 소형교회의 통폐합과 관련된 정련된 연구를 수행한 적이 없으며, 이와 관련된 선행연구도 거의 찾아볼 수 없다. 실제로 현재 RISS4U(http://www.riss.kr/index.do)와 기타 논문 검색 사이트(DBPIA: https://www.dbpia.co.kr/, KISS: http://kiss.kstudy.com/, EARTICLE:https://www.earticle.net/, 스콜라 http://scholar.dkyobobook.co.kr/main.laf 등)에서 '소형교회 통폐합, 소형교회 통합, 소형교회 폐쇄'와 같은 키워드를 중심으로 검색 시 해당 자료를 확인할 수 없는 사실이 이를 극명하게 대변해주고 있다. 즉, 소형교회의 통폐합과 관련된 논의와 관련하여 한국 교회와 실천신학계는 이를 어떻게 바라보아야 하며, 이와 관련된 논의를 위한 소형교회의 주체들의 인식과 교계의 인식은 어떠한지 등 해당 논의를 위한 기초적인 자료가 구축되지 못한 실정이라는 것이다. 본고에서 논의하고 있는 통합은 신학계 내 조작적인 정의를 통해서 살펴보기에는 해당 개념 자체가 전혀 없는 실정이었으며, 가장 유사 개념을 분석할 결과 경영 및 조직관리 영역에서 활용하고 있는 '합병(合併, Mergers)'의 개념을 찾아볼 수 있었다.

다. 다만 우려가되는 요소는 통합을 수행하는 과정 내 교회 간의 이해관계와 인식에 따라 역기능적인 모습이 표출될 수 있으며, 이를 위해서 총회 및 노회 차원의 조정과 관리가 체계적으로 이루어질 필요가 있다는 것이다. 여기에는 통합 이후의 '지도 및 관리'의 측면도 포함된다. 주지하고 있듯이 사역 현장 내 교회 통합의 사항들은 나타나고 있으며, 이에 대한 체계적인 대비가 요청되고 있다. 이와 관련하여 교회 간 통합을 위한 모델개발과 관리 체제(절차)에 대한 연구와 분석이 요청된다. 특별히 교회 간 통합을 위한 기초적인 모델로서 1)중형교회-소형교회 통합형, 2)소형교회-소형교회 통합형, 3)공간 공유형, 4)사역 집중 및 공유형, 5)담임 순환제 등을 제안하는 바이다.

부록1 3,000교회 운동 소속 교회 실태 및 현황*

총회 3,000교회운동 소속 400개 교회 실태(2023년 5월 20일 현재)

no	노회명	조사대상 교회수	존속 교회	폐쇄 교회 수	연락 두절	자립교회 (노회서기 확인)	미자립 교회수	자립교회 중 당회구성	미자립 교회중 당회구성	비고
1	강원노회	7	6	1	0	1	5	0	0	
2	경기동부노회	8	5	3	0	1	4	0	0	
3	경기북부노회	11	10	1	0	0	10	0	0	
4	경기서부노회	8	7	1	0	2	5	1	0	
5	경기중부노회	21	17	4	0	10	7	7	0	
6	경남노회	17	14	3	0	4	10	4	0	
7	경남김해노회	14	13	1	0	5	8	3	0	
8	경남남마산노회	5	5	0	0	1	4	0	0	
9	경남남부노회	9	8	1	0	3	5	2	0	
10	경남마산노회	11	8	3	0	0	8	0	0	
11	경남서부노회	5	3	2	0	0	3	0	0	폐쇄(탈퇴1포함)
12	경남중부노회	5	5	0	0	1	4	0	0	
13	경남진주노회	13	11	2	0	2	9	1	0	
14	경북동부노회	13	12	1	0	7	5	1	0	
15	경북서부노회	6	6	0	0	3	3	1	0	
16	경북중부노회	11	9	2	0	1	8	0	0	
17	대구동부노회	16	14	2	0	3	11	1	1	
18	대구서부노회	16	14	2	0	5	9	2	0	
19	부산노회	24	20	4	0	5	15	3	0	
22	부산남부노회	25	23	2	0	13	10	4	0	
20	부산동부노회	8	8	0	0	2	6	0	0	
21	부산서부노회	15	15	0	0	7	8	2	1	
23	부산중부노회	8	7	1	0	3	4	1	0	
25	서울남부노회	14	7	7	0	0	7	0	0	
24	서울서부노회	3	3	0	0	1	2	1	1	
26	서울중부노회	4	4	0	0	3	1	0	0	
27	울산노회	10	10	0	0	1	9	1	0	
28	울산남부노회	15	14	1	0	0	14	0	0	
29	인천노회	12	11	1	0	5	6	1	0	
30	전남동부노회	9	9	0	0	2	7	0	0	
31	전라노회	16	14	2	0	2	12	0	0	
32	전북노회	6	6	0	0	1	5	0	0	
33	제주노회	8	7	1	0	1	6	0	0	폐쇄(탈퇴1포함)
34	충청동부노회	7	5	2	0	1	4	1	0	
35	충청서부	17	14	3	0	1	13	1	0	
36	기타	3		0	3	0	0	0	0	노회변경이전 폐쇄 외
계		400	344	53	3	97	247	38	3	
백분율		100%	86%	13%	1%	28%	72%	11%	1%	

* 해당 작업은 모든 노회 담당자 및 개체 교회로 직접 개별적인 확인을 거쳐야만 하는 고된 기초작업이었는데, 국내전도위원회 서기 신민범 목사께서 직접 담당하여 수고해주셨기에 이에 깊은 감사의 마음을 전한다.

400개 교회 설립 년도별 노회별 집계 현황(2023년 5월 20일 현재)

1) 제57회~66회 각 노회별 교회개척 설립현황(지역별 노회 재편성 이전)

no	노회	57회기 08.1-08.8	58회기 08.9-09.8	59회3기 09.9-10.8	60회기 10.9-11.8	61회기 11.9-12.8	62회기 12.9-13.8	63회기 13.9-14.8	64회기 14.9-15.8	65회기 15.9-16.8	66회기 16.9-17.8	합계
1	거창			1						1		2
2	경기			1						1		2
3	경남	2		3				2	3	1		11
4	경남남부						2	1	3	1		7
5	경남중부			1						3		4
6	경동	1	2	2	1		3		1		2	12
7	경북			2			1		1	1	1	6
8	경서		2	1					1	2		6
9	경안				1	1				1		3
10	경인		2	2	1			1	1	1	3	11
11	김해	1	1	1	2	2		2	2	3		14
12	남마산				2							2
13	남부산	1		3		1	2	2	1	1	2	13
14	남서울	1	1		2		1		2	1		8
15	대구		2	4	3				1	1	2	13
16	동대구			1	1		1	1	1	1	1	7
17	동부산			1			1		1			3
18	동서울	2	2			2	2		1		1	10
19	마산		1		4	2	3	1		4	1	16
22	부산	2		1	4	4	3	1	4	3		23
20	북부산						2				1	4
21	서경	1	3	1		3	3			1		16
23	서부산	1		4		2			2	2	1	12
25	서울	1	1					1		1	1	5
24	수도	1		1	2		3		1	1		11
26	수도남	2	1	1					1	2		7
27	울산			1	1					1		3
28	울산남		1	2	2				4	1	1	11
29	전남동부		1	1		1	1			1	1	6
30	전라	1		1	1	1	1		1	1	2	9
31	전북			1	1							2
32	제주	1					1		1			3
33	중부산		1						3			4
34	진주			3			2	1			1	7
35	진해	1			1				2			4
36	충청			2			5	2		2	2	13
	합계	20	24	46	28	19	33	23	36	32	29	290

2) 제67회~71회 각 노회별 교회개척 설립현황(지역별 노회 재편성 이후)

no	노회	67회기 17.9-18.8	68회기 18.9-19.8	69회3기 19.9-20.8	70회기 20.9-21.8	71회기 21.9-22.8	합계
1	강원	1	1				2
2	경기동부			1			1
3	경기서부	1				2	3
4	경기북부		2			1	3
5	경기중부	2		2		1	5
6	경남	1	3	1	1		6
7	경남서부		1		2		3
8	경남남부			1			1
9	경남중부		1				1
10	경남김해		1		2		3
11	경남진주		1	2		1	4
12	경남남마산			1			1
13	경남마산		2	1	1	2	6
14	경북동부			1	1		2
15	경북서부	1					1
16	경북중부				1	1	2
17	대구동부	3	2		1	1	7
18	대구서부		1	1		1	3
19	부산	4	2	1	1		8
22	부산동부		2	1		1	4
20	부산서부	3	4				7
21	부산남부	3	1			2	6
23	부산중부				1		1
25	서울서부						0
24	서울남부	1				1	2
26	서울중부						0
27	울산		2	5			7
28	울산남부	1		1	2	1	5
29	인천		1	1	1	1	4
30	전남동부			1		1	2
31	전라	1		1		1	3
32	전북	1					1
33	제주				1	1	2
34	충청동부	1		2			3
35	충청서부	1					1
	합계	25	27	25	13	20	110

부록2 설문지

2023 고신총회 국내전도위원회 개척교회 실태 및 요구도 조사:
'3,000교회 100만성도 운동' 대상 교회를 중심으로

안녕하십니까?
본 조사의 목적은 고신총회 국내전도위원회의 개척교회의 실태 및 요구도를 조사하여 개척교회를 위한 체계적인 지원을 수행하기 위함입니다. 귀하의 응답 내용은 고신총회 산하 개척교회를 위한 사역 정책 및 방안을 수립하고, 활성화하는 데 소중한 기초 자료로 활용될 것입니다. 귀하의 응답 내용은 통계법 제33조에 의거하여 통계자료로만 사용되며 비밀이 보호됩니다. 귀하의 적극적인 협조를 부탁드리며, 솔직하고 정확하게 질문에 응답하여 주시기 바랍니다.

대한예수교장로회 고신총회 총회장 **권오헌** 목사
국내전도위원회 위원장 **정은석** 목사

연구책임: 이현철 박사(고신대학교 교수)
연구주최: 고신총회 국내전도위원회
연구협력: 고신총회 국내전도위원회 상임위원회 및 고신총회 35개 노회 서기부

[고신총회 국내전도위원회 상임위원회]
- 위원장 정은석 목사, 서기 신민범 목사, 회계 배종규 장로
- 상임위원 박성권 목사, 강달수 장로, 이문규 장로, 허성동 목사, 현성길 목사, 권태욱 목사, 신성현 목사

귀하는 자유로운 의사에 따라 본 설문에 참가하며, 귀하의 개인 신상에 관한 비밀보장을 전제조건으로 설문자료가 연구에 사용되는 것에 동의하십니까?

☐ 동의함   ☐ 동의하지 않음

귀하의 소속 노회의 번호를 기재해주십시오. _____

(1) 강원 (2) 경기동부 (3) 경기북부 (4) 경기서부 (5) 경기중부 (6) 경남 (7) 경남김해
(8) 경남남마산 (9) 경남남부 (10) 경남마산 (11) 경남서부 (12) 경남중부 (13) 경남진주
(14) 경북동부 (15) 경북서부 (16) 경북중부 (17) 대구동부 (18) 대구서부 (19) 부산
(20) 부산남부 (21) 부산동부 (22) 부산서부 (23) 부산중부 (24) 서울남부 (25) 서울서부
(26) 서울중부 (27) 울산 (28) 울산남부 (29) 인천 (30) 전남동부 (31) 전라 (32) 전북
(33) 제주 (34) 충청동부 (35) 충청서부

다음은 귀하의 개인배경에 대한 질문입니다. 귀하에게 해당되는 번호 옆 빈칸에 ✓표시를 해주세요.

01. 여러분의 성별은? ___① 남 ___② 여

02. 여러분의 출생년도는? □□년

03. 귀 교회는 행정구역상 어떤 지역 단위에 위치하고 있습니까? (   )
① 서울특별시   ② 광역시   ③ 50만 이상의 중소도시   ④ 50만 미만의 중소도시
⑤ 농촌군 소재지   ⑥ 농촌면 소재지   ⑦ 읍/면에 속한 동/里 (농촌)
⑧ 어촌군 소재지   ⑨ 어촌면 소재지   ⑩ 읍/면에 속한

04. 개척을 위한 준비기간과 주요 준비과정은 어떠하였습니까?
4-1. 개척 공동체 조직 ___개월
4-2. 개척후보지 조사 ___개월
4-3. 개척목회를 위한 역량 훈련 ___개월
4-4. 개척 예산 준비 ___개월

05. 교회개척 사역 중 가장 힘든 점은 무엇인지 아래 보기에서 가장 중요한 것 두 가지만 선택해 주십시오.
1순위 (   ) 2순위 (   )

① 생활고 및 경제적 요건(생계유지) ② 설교 준비 ③ 주일 사역
④ 성도와의 관계 ⑤ 목회자 자신의 능력 부족 ⑥ 가족 관계
⑦ 동료 목회자와의 관계 ⑧ 지역사회와의 관계 ⑨ 교회 성장에 대한 부담감
⑩ 사역에 대한 낙심 ⑪ 그 외 기타

다음은 개척재정 규모와 조달방법에 대한 질문입니다.

6. 개척 목회자 자비　　　　　(　　억　　만 원)

7. 개척 멤버와 초기교인　　　(　　억　　만 원)

8. 모교회의 개척지원　　　　(　　억　　만 원)

9. 노회의 개척지원　　　　　(　　억　　만 원)

10. 기타 후원금　　　　　　　(　　억　　만 원)

11. 귀 교회의 교회당 사용권의 형태는 어떻게 되십니까?
① 총회 유지재단가입　　　　② 교회명 등기(유지재단 미가입)
③ 임대–월세　　　　　　　　④ 임대–전세　　　　　　　⑤ 임대–보증금 + 월세
⑥ 임대–무상임대　　　　　　⑦ 기타(　　　　　　)

다음은 귀 교회의 특성을 조사하기 위한 항목입니다. 각 항목에 해당 내용을 적어 주십시오.

12. 입교세례자 수　(　　　　　) 명

13. 학습교인 수　　(　　　　　) 명

14. 입교 전 세례자 수 (　　　　　) 명

15. 주일예배 평균 참석자 수는?
① 목회자 가족　② 목회자 가족 외 10명 이내　③ 목회자 가족 외 20명 이내
④ 목회자 가족 외 30명 이내　⑤ 목회자 가족 외 50명 이내
⑥ 목회자 가족 외 50명 이상　⑦ 목회자 가족 외 100명 이내　⑧ 목회자 가족 외 100명 이상

16. 귀 교회의 개척 시점은 언제입니까? (　　　　) 년도

17. 개척 이후 귀 교회에 새로 등록한 교인은 모두 몇 분입니까? (　　　　) 명

18. 개척 이후 처음으로 예수님 믿고 귀 교회에 출석한 새신자는 몇 분입니까? (　　　　) 명

19. 개척 이후 다른 교회로 옮기신 성도는 몇 분입니까? (   ) 명

20. 개척 이후 세례를 받은 성도는 몇 분이나 되는지요? (   ) 명

21. 개척 이후 학습을 받은 성도는 몇 분이나 되는지요? (   ) 명

22. 개척 이후 입교한 성도는 몇 분이나 되는지요? (   ) 명

23. 교회 개척 이후 몇 년 후에 교회섭립인준을 받았습니까? (   ) 년

24. 귀 교회는 언제 교회설립인준을 받았습니까? (   ) 년도

25. 교회의 재정은 자립이 되고 있습니까? ① 예   ② 아니오

26. 교회의 부채 여부는 어떠합니까? ① 부채 있음   ② 부채 없음

27. 교회가 부채를 가지고 있다면 현재 부채 총액은 어느 정도인가(단위: 원)
부채 : (   ) 원

28. 교회가 부채에 따른 이자를 부담해야 한다면 매월 지불해야 할 이자는 어느 정도인가?
월이자: (   ) 원

29. 현재 매월 교회의 자체 수입액은?
① 100만 원 이하   ② 101~200만 원   ③ 201~400만 원 ④ 401~500만 원 ⑤ 501만 원 이상

30. 월간 교회 밖의 후원금 규모는?
① 50만 원 이하   ② 51~100만 원   ③ 101~150만 원   ④ 151~200만 원 ⑤ 201만 원 이상

31. 교회로부터는 받는 월간 목회자 사례비는?
① 50만 원 이하   ② 51~100만 원   ③ 101~150만 원   ④ 151~200만 원 ⑤ 201만 원 이상

32. 교회 재정 중 교인헌금 비율은?
① 29% 미만   ② 30~49%   ③ 50~69%   ④ 70~99%   ⑤ 100%

33. 귀 교회의 주위 반경 500m 내에 교회들이 얼마나 많이 있습니까?
(1) 잘 모르겠다 (   )
(2) 고신 교회 (   ) 개 / 타교단 교회 (   ) 개

34. 귀 교회의 주위 반경 500m–1,000m에 교회들이 얼마나 많이 있습니까?
(1) 잘 모르겠다 (   )
(2) 고신 교회 (   ) 개 / 타교단 교회 (   ) 개

35. 귀 교회의 예배 장소의 건물 형태는 어떻게 되십니까?
① 단독 교회 건물   ② 업무 빌딩 공간(지하공간 포함)
③ 상가 건물 공간(지하공간 포함)   ④ 가정집
⑤ 학교 등의 공공시설   ⑥ 기타

36. 목사님께서 거주하시는 주택의 소유형태는 무엇입니까?(소유자 명의와 상관없음)
① 자기집   ② 전세
③ 월세(보증금 포함)   ④ 무상임대   ⑤ 기타

다음은 귀하의 생각을 물어보는 질문들입니다. 자신의 생각과 가장 가까운 번호에 ✓표시를 해주세요.

37. 귀 교회에서의 운영하는 아래의 프로그램은 어느 정도 중점을 두고 있습니까?

	전혀 중점을 두지 않는다	중점을 두지 않는다	보통이다	중점을 많이 둔다	매우 중점을 많이 둔다
1) 예배활동	1	2	3	4	5
2) 성경공부/교리공부 활동	1	2	3	4	5
3) 전도활동	1	2	3	4	5
4) 봉사활동	1	2	3	4	5
5) 교제활동	1	2	3	4	5
6) 교회학교활동	1	2	3	4	5
7) 소그룹활동	1	2	3	4	5

38. 목사님은 지난 1년 간 사역과 관련된 아래 활동의 도움여부는 어느 정도입니까? 아래 표에 표기해주시기 바랍니다

	사역관련 도움여부				
	전혀 도움이 안 되었다	별로 도움이 안 되었다	보통이다	대체로 도움이 되었다	매우 도움이 되었다
1) 사역관련 총회 주관 강연이나 세미나	1	2	3	4	5
2) 사역관련 지역 단위 노회 활동	1	2	3	4	5
3) 사역관련 총회 및 노회의 지도	1	2	3	4	5
4) 사역관련 신학교의 강좌 및 재교육	1	2	3	4	5
5) 사역관련 강연 및 세미나	1	2	3	4	5
6) 사역관련 책/잡지/논문 읽음	1	2	3	4	5
7) 사역관련 현장방문	1	2	3	4	5

39. 다음 문항은 평소에 목사님이 겪는 스트레스에 관한 질문입니다. 그러한 상황이 얼마나 자주 발생하는지 각 문항마다 해당되는 번호에 표기해 주십시오.

	그런 적 없다	거의 그렇지 않다	보통이다	자주 그렇다	항상 그렇다
1) 교회성장 때문에 성도들로부터 스트레스를 받는다	1	2	3	4	5
2) 성도들과 의견충돌이 있어서 스트레스를 받는다	1	2	3	4	5
3) 성도들의 지나친 간섭으로 스트레스를 받는다	1	2	3	4	5
4) 성도들과 대화가 안 통해서 스트레스를 받는다	1	2	3	4	5
5) 가족들과 대화가 안 통해서 스트레스를 받는다	1	2	3	4	5
6) 교회성장 때문에 나 자신으로부터 스트레스를 받는다	1	2	3	4	5
7) 교회사역에 대한 부담으로 스트레스를 받는다	1	2	3	4	5
8) 가족으로부터 인정을 받지 못해서 스트레스를 받는다	1	2	3	4	5
9) 동료에 대한 열등감 때문에 스트레스를 받는다	1	2	3	4	5
10) 교회 건축 때문에 스트레스를 받는다	1	2	3	4	5
11) 교회 환경 때문에 스트레스를 받는다	1	2	3	4	5
12) 교회 재정 때문에 스트레스는 받는다	1	2	3	4	5
13) 자녀 교육으로 스트레스를 받는다	1	2	3	4	5
14) 향후 진로 때문에 스트레스를 받는다	1	2	3	4	5
15) 가정의 경제적인 이유로 스트레스를 받는다	1	2	3	4	5

16) 동료로부터 인정을 받지 못해서 스트레스를 받는다	1	2	3	4	5
17) 배우자와의 관계로 스트레스를 받는다	1	2	3	4	5

40. 목사님은 일상의 삶에 전반적으로 얼마나 만족하고 있습니까? 해당되는 곳에 표시해 주세요.

전혀 만족하지 못한다	만족하지 못하는 편이다	보통이다	만족하는 편이다	매우 만족한다
1	2	3	4	5

41. 목사님은 목회 활동에 전반적으로 얼마나 만족하고 있습니까? 해당되는 곳에 표시해 주세요.

전혀 만족하지 못한다	만족하지 못하는 편이다	보통이다	만족하는 편이다	매우 만족한다
1	2	3	4	5

42. 목사님은 개인 경건생활에 전반적으로 얼마나 만족하고 있습니까? 해당되는 곳에 표시해 주세요.

전혀 만족하지 못한다	만족하지 못하는 편이다	보통이다	만족하는 편이다	매우 만족한다
1	2	3	4	5

43. 목사님은 과거 아르바이트(시간제 근로 파트타임)를 한 경험이 있습니까? 있다면 몇 번입니까?

① 한 번 이상 있다 → (_____) 번   ② 전혀 없다   ③ 배우자가 수행하였다

44. 과거 아르바이트 경험(배우자 포함)이 있으시다면 아래 괄호 안에 해당되는 답을 적어주세요

1) 언제 시작했습니까?	(_____)년도
2) 얼마 동안이나 계속했습니까?	약 (_____) 일 (☞ 1개월은 30일로 표기할 것)
3) 일주일에 며칠씩 일했습니까?	약 (_____) 일
4) 하루에 몇 시간씩 일했습니까?	약 (_____) 시간
5) 한 시간에 얼마를 받았습니까?	약 (_____) 원
6) 월 수입은 어느정도 되었습니까?	약 (_____) 원

45. 다음은 개척교회를 위한 지원 내용 중 사역 영역입니다. 각 항목을 읽고 현재 선호도(현재 관심이 있고 필요한 정도)와 미래 중요도(가까운 미래에 자신에게 필요하고 중요한 정도)에서 여러분의 생각과 가장 가까운 번호에 ✓표시를 해주세요.(⑤ 매우 높다 ④ 조금 높다 ③ 보통이다 ② 조금 낮다 ① 매우 낮다)

현재 자신이 관심있고 필요한 정도 현재 선호도					문항내용	가까운 미래에 자신에게 필요하고 중요한 정도 미래 중요도				
선호하지 않음 <-----> 선호함					사역 영역	중요하지 않음 <-----> 중요함				
①	②	③	④	⑤	1. 새 신자 지도 전문성	①	②	③	④	⑤
①	②	③	④	⑤	2. 임직자 지도 전문성	①	②	③	④	⑤
①	②	③	④	⑤	3. 일반성도 지도 전문성	①	②	③	④	⑤
①	②	③	④	⑤	4. 전도훈련(지도) 전문성	①	②	③	④	⑤
①	②	③	④	⑤	5. 기독교육 전문성(성경교수 등)	①	②	③	④	⑤
①	②	③	④	⑤	6. 교회학교 운영 전문성	①	②	③	④	⑤
①	②	③	④	⑤	7. 소그룹 인도 전문성	①	②	③	④	⑤
①	②	③	④	⑤	8. 목회상담 전문성	①	②	③	④	⑤
①	②	③	④	⑤	9. 설교 전문성	①	②	③	④	⑤
①	②	③	④	⑤	10. 행정 전문성	①	②	③	④	⑤

46. 다음은 개척교회를 위한 지원 내용 중 국내전도위원회 지원 영역입니다. 각 항목을 읽고 현재 선호도(현재 관심이 있고 필요한 정도)와 미래 중요도(가까운 미래에 자신에게 필요하고 중요한 정도)에서 여러분의 생각과 가장 가까운 번호에 ✓표시를 해주세요.(⑤ 매우 높다 ④ 조금 높다 ③ 보통이다 ② 조금 낮다 ① 매우 낮다)

선호하지 않음 <---> 선호함					국내전도위원회 지원 영역	중요하지 않음 <---> 중요함				
①	②	③	④	⑤	1. 개척교회 관련 교수 강연이나 세미나	①	②	③	④	⑤
①	②	③	④	⑤	2. 개척교회 방문	①	②	③	④	⑤
①	②	③	④	⑤	3. 개척교회 관련 사역자의 강연 및 세미나	①	②	③	④	⑤
①	②	③	④	⑤	4. 개척교회 관련 재교육 강좌	①	②	③	④	⑤
①	②	③	④	⑤	5. 개척교회 목회자 간 소그룹 활동	①	②	③	④	⑤
①	②	③	④	⑤	6. 개척교회 컨설팅	①	②	③	④	⑤
①	②	③	④	⑤	7. 개척교회를 위한 개척자금 지원 활동	①	②	③	④	⑤
①	②	③	④	⑤	8. 개척교회 사역자 격려 활동	①	②	③	④	⑤
①	②	③	④	⑤	9. 개척교회 부부 지원 활동	①	②	③	④	⑤
①	②	③	④	⑤	10. 개척교회 사역을 위한 연구 활동	①	②	③	④	⑤
①	②	③	④	⑤	11. 개척교회 사역을 위한 상담 활동	①	②	③	④	⑤
①	②	③	④	⑤	12. 개척교회 전문 자료집 발간	①	②	③	④	⑤
①	②	③	④	⑤	13. 개척교회 자녀 교육 지원	①	②	③	④	⑤

47. 다음은 개척교회를 위한 지원 내용 중 교회개척 지원 형식 영역입니다. 각 항목을 읽고 현재 선호도(현재 관심이 있고 필요한 정도)와 미래 중요도(가까운 미래에 자신에게 필요하고 중요한 정도)에서 여러분의 생각과 가장 가까운 번호에 ✓표시를 해주세요.(⑤ 매우 높다 ④ 조금 높다 ③ 보통이다 ② 조금 낮다 ① 매우 낮다)

선호하지 않음 <--> 선호함	교회개척 지원 형식 영역	중요하지 않음 <--> 중요함
① ② ③ ④ ⑤	1. 현재(국내전도위원회) 지원 형식	① ② ③ ④ ⑤
① ② ③ ④ ⑤	2. 노회 중심의 지원 형식	① ② ③ ④ ⑤
① ② ③ ④ ⑤	3. 총회 차원에서의 지원 형식	① ② ③ ④ ⑤
① ② ③ ④ ⑤	4. 개척 지역별 지원금 차등 지급 형식	① ② ③ ④ ⑤
① ② ③ ④ ⑤	5. 개체 교회의 지원 형식	① ② ③ ④ ⑤
① ② ③ ④ ⑤	6. 개인 관계 중심의 지원 형식	① ② ③ ④ ⑤
① ② ③ ④ ⑤	7. 개척 지원 전담 전문 기구를 통한 지원 형식	① ② ③ ④ ⑤
① ② ③ ④ ⑤	8. 후원금 관리 시스템을 통한 지원 형식	① ② ③ ④ ⑤

48. 개척교회 사역을 위해 가장 중요한 요인은 무엇이라고 생각하시는지요. 각 항목을 읽고 현재 선호도(현재 관심이 있고 필요한 정도)와 미래 중요도(가까운 미래에 자신에게 필요하고 중요한 정도)에서 여러분의 생각과 가장 가까운 번호에 ✓표시를 해주세요(⑤ 매우 높다 ④ 조금 높다 ③ 보통이다 ② 조금 낮다 ① 매우 낮다)

현재 자신이 관심있고 필요한 정도	문항내용	가까운 미래에 자신에게 필요하고 중요한 정도
현재 선호도	개척교회 사역 요인	미래 중요도
① ② ③ ④ ⑤	1) 담임목사의 리더십	① ② ③ ④ ⑤
① ② ③ ④ ⑤	2) 담임목사의 목회철학	① ② ③ ④ ⑤
① ② ③ ④ ⑤	3) 교역자의 현장사역 전문성	① ② ③ ④ ⑤
① ② ③ ④ ⑤	4) 성도의 헌신	① ② ③ ④ ⑤
① ② ③ ④ ⑤	5) 성도의 개인적 요인(참여, 관심 등)	① ② ③ ④ ⑤
① ② ③ ④ ⑤	6) 교회학교 신앙양육 프로그램	① ② ③ ④ ⑤
① ② ③ ④ ⑤	7) 국내전도위회의 지원과 관심	① ② ③ ④ ⑤
① ② ③ ④ ⑤	8) 전도 활동	① ② ③ ④ ⑤
① ② ③ ④ ⑤	9) 재정 지원	① ② ③ ④ ⑤
① ② ③ ④ ⑤	10) 중대형교회의 관심	① ② ③ ④ ⑤
① ② ③ ④ ⑤	11) 총회 및 노회의 지원과 관심	① ② ③ ④ ⑤
① ② ③ ④ ⑤	12) 총회 산하 교육기관의 지원(총회교육원, SFC 등)	① ② ③ ④ ⑤
① ② ③ ④ ⑤	13) 심방 활동	① ② ③ ④ ⑤

①	②	③	④	⑤	14) 사역자를 위한 교육	①	②	③	④	⑤
①	②	③	④	⑤	15) 기도 활동	①	②	③	④	⑤
①	②	③	④	⑤	16) 교역자와 성도(부서) 간의 관계	①	②	③	④	⑤
①	②	③	④	⑤	17) 교회와 가정이 연계된 신앙교육	①	②	③	④	⑤
①	②	③	④	⑤	18) 평생교육(장노년 포함) 프로그램	①	②	③	④	⑤
①	②	③	④	⑤	19) 지역사회와 연계된 프로그램	①	②	③	④	⑤
①	②	③	④	⑤	20) 목회자 가족 지원	①	②	③	④	⑤

49. (복수응답) 개척교회가 성장하지 않는 가장 큰 요인은 무엇이라고 생각하십니까? 아래의 보기에서 찾아 우선 순위에 따라 적어주세요.

1순위 (   ) 2순위 (   )

〈보기〉
① 담임목사의 리더십 부족 ② 담임목사의 목회철학의 부재
③ 사역의 전문성 부족 ④ 성도의 낮은 헌신도 ⑤ 성도와의 관계성
⑥ 개척교회 프로그램의 흥미 없음 ⑦ 기독교에 대한 부정적 인식
⑧ 출산율의 저하 ⑨ 총회 및 노회의 관심부족 ⑩ 전도하지 않음 ⑪ 재정의 부족
⑫ 지역 사회의 특성 ⑬ 코로나 19 팬데믹 ⑭ 가족과의 관계성 ⑮ 교회 시설환경

개척교회 현장, 핵심 리포트

초판 인쇄	2023년 9월 6일
초판 발행	2023년 9월 19일

지은이	이현철
발행인	이기룡
발행처	생명의 양식

등록번호	서울 제22-1443호(1998년 11월 3일)
주소	서울시 서초구 고무래로 10-5(반포동)
전화	02-533-2182
팩스	02-533-2185
홈페이지	www.edpck.org